U0624469

粮食安全、发展中国家和多边贸易规则

《2015—2016年农产品市场状况》背景文件

联合国粮食及农业组织 编著

李 婷 译

中国农业出版社
联合国粮食及农业组织
2018 · 北京

本出版物原版为英文，即 *Food security，developing countries and multilateral trade rules*（*The State of Agricultural Commodity Markets 2015—16：Background paper*），由联合国粮食及农业组织（粮农组织）于 2015 年出版。此中文翻译由农业农村部农业贸易促进中心安排并对翻译的准确性及质量负全部责任。如有出入，应以英文原版为准。

ISBN 978-7-109-23693-6（中国农业出版社）

联合国粮食及农业组织（FAO）
中文出版计划丛书
译审委员会

致 谢

本报告是为世界贸易组织（WTO）核心报告《2015—2016年农产品市场状况》准备阶段提供的背景材料。报告由 Alan Matthews 撰写，作者是都柏林三一学院经济学系欧洲农业政策的名誉教授。本报告遵循FAO确定的研究范围，并从2015年上半年一系列FAO会议的专家发言中获益良多。

特别感谢 Lars Brink 对报告早期草稿的研读和评论。作者对本报告中任何观点和遗留的错误都负责。

概要 ABSTRACT

WTO《农业协定》（AoA）总被指责没有充分考虑发展中国家采取必要政策提高粮食安全水平的现实需要。本文旨在研究现有和拟议的 AoA 贸易规则在多大程度上限制了发展中国家提高粮食安全水平的政策空间。

政策空间指各国使用相应政策或者进行预算支出而不受 AoA 规则限制的余地有多大。本报告就是要研究发展中国家在进口保护、国内支持范畴采取相应政策实现粮食安全的空间有多大，以及他们应对国际市场价格波动的能力如何。报告研究发展中国家实际使用现有政策空间的情况如何，同时分析 AoA 规则可能需要进一步完善的地方。

在 WTO 框架下，各发展中国家的需求和做出的承诺差异很大，所以任何概括性论断都不可避免会有例外情况。在进口保护方面，大部分但绝不是所有发展中国家都有较大未使用的政策空间。大部分发展中国家的农产品进口关税水平高于发达国家，且大部分发展中国家的实施税率要远低于约束税率。

AoA 国内支持部分有关发展中国家的最重要规则就是在更广泛的政策范围内提供一些义务和限制的豁免，这对发展中国家提高粮食安全水平至关重要。这种"优待"不但包括绿箱政策、"发展箱"政策，也包括在综合支持量（AMS）限定范围内实施的其他贸易扭曲性政策。对大多数发展中国家来说，他们的贸易扭曲性支持政策应限制在其 AoA 承诺的微量许可范围内。大多数发展中国家有关这些支持措施的通报都显示为零或者最少使用。

但是，一些新兴经济体正在通过实施被管理的支持价格增加贸易扭曲性支持措施。对比 AoA 计算管理价格对市场价格支持强度的公式及以 20 世纪 80 年代中期为基期的大幅提高的国际市场价格，就可以明显认识到发展中国家使用这些政策工具的空间受限程度。尽管现行 AoA 规则限制了国内支持政策扭曲贸易，包括与其他发展中国家贸易的负面溢出效应，报告依旧认为不论从经济学还是从公平角度讲，WTO 规则都有需要重新考量的地方。

面对进口价格和数量波动时，只有少数发展中国家能使用自动的保障机制。因此，在多哈回合谈判中，发展中国家致力于寻求更大灵活性来使用保障措施应对进口量激增或者世界农产品价格低迷。稳定一国农产品价格和进口量的做法可能导致其他国家的价格不稳定，所以，尽管为发展中国家提供特殊保障机制的原则得到了认可，对这一机制还需要谨慎地设定限度。

最后，乌拉圭回合谈判的未竟事业之一就是缺少针对食品出口限制的规则，强化相关规则应该成为 WTO 成员努力的方向。

目　录

／ 引　言

　　WTO 在新兴的国际粮食安全管理体系中占有重要地位。乌拉圭回合多边贸易谈判达成的 AoA 是首个就成员贸易政策达成综合性规则体系的尝试①。协定本身也承认，它只是达成实质性削减国内支持和保护、实现根本性改革的长期目标的第一步。协定要求继续推进相关议题谈判，这在 2000 年已经实现。这些谈判其后成为 2001 年启动的多哈回合多边贸易谈判的一部分（WTO，2001a）。

　　在上述谈判中，贸易规则和粮食安全的关系成为核心问题。AoA 总被指责没有充分考虑发展中国家采取必要政策提高粮食安全水平的现实需要。通过研究现有和拟议的 AoA 贸易规则在多大程度上限制了发展中国家提高粮食安全水平的政策空间，本报告将分析此类指责的合理性。报告同时也研究 AoA 规则如何令粮食安全从贸易发展中获益，并分析规则缺位，以及不完整和不恰当的规则如何影响贸易积极作用的发挥。

　　在 AoA 序言和若干段落中都包含可能影响粮食安全的规则。序言强调"应以公平的方式在所有成员中做出改革计划下的承诺，并注意到非贸易关注，包括粮食安全……"粮食安全，主要是从外部来源获得基本口粮充足供应的安全，是关于改革计划对最不发达国家和粮食净进口发展中国家可能产生消极影响的措施的决定（也称马拉喀什协定）的明确基础，该协定的初衷就是帮助不发达国家（LDC）和粮食净进口发展中国家应对改革计划带来的食品价格上升。AoA 中与粮食安全相关的条款还包括第 10.4 条，设定区分合规的国际粮食援助和被掩盖的政府出口补贴之间的标准；第 12 条，要求拟采取粮食出口限制或者出口禁令的成员（包括粮食净出口发展中国家）考

---

　　①　其他 WTO 协议，如《实施卫生与植物卫生措施协定》（SPS），《技术性贸易壁垒协定》（TBT），《与贸易有关的知识产权协定》（TRIPS）也与全球粮食安全管理相关，但是本报告并不涉及。尽管技术上讲 WTO 成员就是各国家和地区，本报告将交叉使用这两个称谓。

虑这些措施对进口国粮食安全的影响，并设立相应的协商咨询程序；以及附件2，明确在什么条件下作为粮食安全项目和国内食品援助项目一部分的粮食积累和储备支出可不计入一国贸易扭曲性国内支持措施的限额。粮食安全问题也是多哈授权的一部分，即"要求给予发展中国家具有可操作有效性的特殊和差别待遇，让他们可以有效顾及自身发展需要，包括粮食安全和农村发展需要"（WTO，2001a)①。

但是，有关 AoA 规则和灵活度是否合理支持发展中国家促进农业发展和粮食安全水平提高的需求的争论一直没有停止（Chatterjee 和 Murphy，2014；Clapp，2011；de Schutter，2009；Díaz‐Bonilla，2014a；Gonzalez，2002；Elliott，2015；Häberli，2010；Häberli，2012；Josling，2015；Sharma，2011；Smith，2012；Tangermann，2013)。主要批判观点认为，AoA 规则是失衡的，本质上对发达国家更有利，发达国家可以继续对农业提供大量支持，而发展中国家发展农业和粮食安全的政策却受到限制，甚至有指责认为这些规则侵害了发展中国家食物权。批评者认为，大规模、出口导向的农场在农产品贸易自由化中受益更大，贸易自由化还导致土地集中，边缘化小农场，并造成失业和贫困。Olivier de Schutter 担任联合国人权理事会食物权特别报告员时就指责 WTO 规则排斥"恢复发展中国家粮食生产能力的重要政策"，比如高关税、临时进口限制措施、针对小规模经营者的国家采购、活跃的市场营销机构和有针对性的农场补贴（de Schutter，2009)。公众舆论也受到众多非政府组织（NGO）有关"粮食主权"呼吁的影响，他们认为这是一种"每个国家保持和发展自身尊重文化和生产多样性的基本食物生产能力的权利"（Via Campesina，1996)。一种较常见的指责是，现行 WTO 规则限制了粮食不安全国家提高粮食安全水平的政策空间。不过许多观察家认为，在帮助部分国家提高粮食安全水平方面，一些批判者们提出的替代措施是无效的，甚至可能适得其反。

另一个常见批评是，WTO 规则已不再适应食品价格不断上涨和波动较大的新现实。de Schutter（2011）分析：

"在各国于关税和贸易总协定（GATT）乌拉圭回合着手建立一个新的

---

① 成员有关粮食安全的提议在 WTO 秘书处农业谈判背景资料中有所概述。https://www.wto.org/english/tratop _ e/agric _ e/negs _ bkgrnd18 _ ph2foodsecurity _ e. htm，2002 年 10 月 10 日更新，2015 年 3 月 20 日查询。

国际农业贸易体制时，粮食生产过剩和价格下降是其面对的主要问题。因此，大部分现有 WTO 农产品贸易规则的架构，从边境保护、反倾销到生产商国内支持，出发点都是规范成员应对粮食价格下降的国家政策。"

De Schutter 认为，支持粮食不安全国家的农业生产需要创建新的粮食安全相关贸易措施和修改现有的贸易规则，这已成为全球共识。

关注粮食安全问题的 2011 年 WTO 部长级会议强调成员确定适当的规则体系面临的挑战。会议产生了两个提议：一是呼吁针对用于世界粮食计划署非商业性和人道主义用途的食品采购取消和去除出口限制或者非常态关税；二是呼吁建立减缓粮食市场价格冲击和波动的贸易相关应对措施"工作计划"。但是，成员无法就其中任何一个提议达成共识①。

本报告关注的并不是追求提高一国粮食安全的最优政策的讨论。对发展中国家而言，限制性更强的政策和更开放的贸易政策哪个更能达到粮食安全目标？相对于利用其他类型的措施，利用贸易政策措施来提高一国的粮食生产能力和国民粮食获得能力的优势在哪里？这些问题都被激烈讨论着。举例来说，进口保护措施提高了国内主粮的价格，并因此让农民，至少是那些拥有大量市场盈余的农民受益，但提高的价格令消费者获取主粮更加困难（相关讨论可参见 McCorriston 等，2013；经济合作与发展组织，2013）。对于这些争论，笔者持不可知论的立场。本报告的核心内容是分析在现有和拟议的 AoA 规则框架下，各成员还有多大空间采取其认为可取的政策措施。发展中国家享有的"政策空间"如何？他们能采取措施的范围有多大？他们在 AoA 下承担的义务的限制性有多强？以及由 2008 年 WTO 农业委员会特别会议主席提出（WTO，2008b），但依旧被争议的农业模式修正草案第 4 稿（Rev. 4），它对 AoA 规则的调整是否会明显改变发展中国家拥有的政策空间？

"政策空间"的概念不局限于一国采取措施的自由程度。一国达到粮食安全目标的能力不可避免地受其他国家行为的影响。通过限制其他国家相关政策可能产生的负面影响和溢出效应，尤其是那些贸易扭曲性措施的影响，贸易规则也可以在创造利于各国粮食安全的大环境时发挥作用。基于此，大部分发展中国家在多哈回合谈判中努力寻求限制发达国家贸易保护政策的可

---

① 提议可见 https://www. wto. org/english/thewto _ e/minist _ e/min11 _ e/briefingfoodsec _ e. htm，2015 年 3 月 20 日查询。主席对该议题谈判的评价可见 WTO 文件 WT/MIN（11）/11，https：//www. wto. org/english/thewto _ e/minist _ e/. . . e/min11 _ 11 _ e. doc，2015 年 3 月 20 日查询。

能。因此，本报告第二个核心内容就是分析和总结 AoA 生效以来发达国家贸易扭曲性支持措施的发展趋势。过去 20 年发达国家真的削减了贸易扭曲性支持措施吗？进口关税措施、国内支持措施和出口补贴措施的相对发展趋势怎样？如果农业模式修正草案第 4 稿被通过，会对发达国家贸易扭曲性支持措施产生什么影响？

不过，逐渐地，发达国家和发展中国家间的差别正在变得不那么重要。发展中国家在国际贸易中日益增长的重要性和政策干预的规模意味着，许多发展中国家面临的世界市场价格和进口竞争挑战越来越多地来自其他发展中国家的影响。因此，要在增加发展中国家采取政策工具支持国内农业和提高民众粮食获得能力的灵活性，与限制其他发展中国家利用这样的灵活性采取贸易扭曲性措施所带来的负面影响之间进行权衡。

因为报告中会频繁地使用发展中国家和发达国家这两个概念，所以这里需要明确一下二者的界限。WTO 规则确定了三类国家：不发达国家、发展中国家和发达国家。不发达国家由联合国经济及社会理事会依据特定的社会经济标准确定，而且 3 年更新一次。发展中国家和不发达国家可以享受特殊和差别待遇（SDT），但是，WTO 没有界定发展中国家的官方标准。所以，尽管有些新加入成员发达程度是作为其入世议定书的一部分通过谈判确定的，大多数 WTO 成员都自行认定自己的发达程度。这就导致了一种悖论状况的发生，一些经合组织成员被认为是发展中国家并可以享受 SDT，而WTO 框架下一些发展中成员的人均收入已经超过某些被要求承担更大责任义务的发达成员（Schwab，2011）。WTO 没有正式发展中成员名单，一些发展中成员可能被要求做出发达成员才应该做出的承诺（比如阿尔巴尼亚在国内支持方面就被当成发达成员一样对待）。

鉴于 WTO 对成员可能被允许在政策空间内使用的政策工具的有用性或者有效性缺乏明确立场，加上特殊和差别待遇原则的存在，看上去，似乎发达国家的政策空间应该最受限制，而发展中国家，尤其是不发达国家应有最大的灵活性。这背后的道理是，处于不同社会经济发展水平的国家利用替代性政策工具的能力有明显差别，所以，发展中国家特别是不发达国家因能力有限，应该在政策选择上更少承受来自外部的限制。

出于这个原因，在比较可用政策空间时，笔者采用了基于社会经济标准的方法区分 WTO 发达国家和发展中国家，而不论其自己如何定位（不发达国家还是使用联合国的名单）。对发达国家的界定参考国际货币基金组织

（IMF）《世界经济展望》中给出的"发达经济体"列表，同时将是 WTO 成员却不是 IMF 成员的关税区纳入考虑范围[①]。不属于发达国家也不属于不发达国家的国家界定为发展中国家。不过，报告中提及的发展中国家在少数几处指在 WTO 框架下自行认定为发展中国家的成员。在可能会导致界定模糊的地方，报告会特别加以解释。

本报告结构如下：第 2 章详述政策空间的双重性质。第 3 章从进口关税使用入手分析 AoA 框架下发展中国家和发达国家的政策空间。第 4 章分析发展中国家和发达国家使用国内支持工具的政策空间。第 5 章分析发展中国家和发达国家应对价格波动的空间。第 6 章是总结。

---

① IMF 名单可见 http：//www. imf. org/external/pubs/ft/weo/2015/01/weodata/groups. htm。报告中依据社会经济分类标准列出的发达国家和地区包括澳大利亚、加拿大、中国香港特别行政区、中国澳门特别行政区、中国台湾省、欧盟 28 国、冰岛、以色列、日本、韩国、新西兰、挪威、新加坡、瑞士、美国。

$\mathscr{2}$ 政策空间的概念

AoA 框架下，WTO 成员要承担相应义务，限制他们采取一些政策或者进行预算支出的行为，尤其是那些可能对其他国家贸易带来潜在负面影响的行为（贸易扭曲性）。根据国家发展程度不同（发达国家、发展中国家和不发达国家），义务的限制也不同。政策空间是指各国享有的不被 AoA 规则限制或者约束的，采取相关政策和进行预算支出的余地。

要确定一特定国家的政策空间取决于该政策措施属于 AoA 三大支柱中的哪一个。在市场准入这个支柱里，唯一被允许使用的政策措施只有关税，所以政策空间用一国约束税率水平来衡量。各国被许可将关税提高到约束税率高度，但不可以超过约束税率。在国内支持支柱方面，WTO 成员的政策空间是其在某些政策下使用支持措施而不记入当前综合支持总量（CTAMS）内的余地，及其 AMS 支持的限定规模（Brink，2015）。在出口支持支柱方面，一国的政策空间是其承诺不超越的出口补贴范围和用于出口补贴的财政支出的上限金额。政策空间还涉及约束临时性进口保障措施使用、出口禁令、国际粮食援助、政府公共储备和国内粮食援助项目的规则。

基于上述概念界定，下面各章分析发展中国家在现行和拟议的 AoA 规则下有多大政策空间来实现粮食安全目标。关于利用这样的政策空间是否就能充分和有效地实现目标，笔者不做评价。不过，在开始前应该先明确 4 个关键点。

（1）各国能够用来提高粮食安全水平的政策的范围很广，其中很多不受WTO 规则的限制和约束。对于那些因为直接影响生产者的生产决策而受到约束的政策而言，比如市场价格支持、贸易政策、不脱钩的直接支付或者投入品补贴，一国使用这些政策的空间就是另一些国家面临的贸易扭曲影响。一个国家试图对抗进口价格波动、稳定本国国内市场的举措可能令其他国家面对的国际市场价格进一步波动。关于政策空间重要性的讨论总是忽视一国政策影响其他国家粮食安全的负面溢出效应。大部分对 WTO 规则的批评都将贸易政策作为单纯的国内政策问题考量，而忽略了政策溢出效应对其他国家及其粮食安全的影响。政策空间的讨论不能局限于一个国家采取政策措施的自由。它也指被保护免受其他国家采取的政策措施负面影响的权利。比如，如果其他国家都大量补贴出口，国际粮食价格就会下跌，这种情况对一国实现粮食安全目标的影响不比其国内政策措施小。

（2）WTO 规则旨在尝试解决成员集体性行为产生的问题（Josling，2014）。此类问题的出现源于各成员理性地追求自身利益，但得到的结果却不如通过合作行动能够达成的结果理想。单个国家总有动机利用贸易政策来促进自己的农业生产、稳定自己的国内市场，但这种行为的结果可能给其他国家带来负面影响。如果受到负面影响的那些国家再采取措施来抵制这种影响，那么最后的结果可能是所有国家的利益都被损害。就算短期内一个国家可以将贸易政策作为单独的国内政策工具，来达到自己的利益，但是从长远看，这样的行为，尤其是大贸易国做出这样的行为，会导致其他国家仿效，产生层叠效应。最后的结果很可能是世界市场成为不可靠的剩货市场，所有国家都受损失。因此，尽管在特定领域如何进行权衡取舍还要进行谈判辩论，一个国家接受对自己行动自由的约束，以换取其他国家行动自由上受到类似约束，不一定会减损前者政策空间。

（3）当廉价优质的进口产品给国内进口竞争性产业带来压力，或者国际市场价格波动被传导到国内市场时，贸易开放可能对粮食安全带来不利影响，特别是对特定人群而言。不过，总有些非贸易政策可以更好抵消贸易的负面影响。鉴于贸易政策对其他国家不可避免的负面溢出效应，成员主张使用贸易政策时，需要解释为何利用非贸易政策是不可行的，或者在特定情况下无法实现追求的效果。对不发达国家来说，缺乏行政能力可能是利用贸易政策的好理由。

（4）不论何时使用，贸易扭曲性支持措施和保护措施的贸易扭曲性质是不会变的。多边规则的制定经常被认为是对发达国家的政策进行规范而尽可能扩大发展中国家政策空间的过程。支持者主张这一观点的背后原因是，他们认为富国和穷国在农业贸易方面的竞争是不公平的（高专组报告，2011；WTO，2000）。在多边农产品贸易谈判中，这种持南-北立场的观点越来越脱离实际情况。南南农产品贸易正变得越来越重要。目前发展中国家在农产品贸易额中占比约为 40%，但在贸易增长额中的占比超过一半（Matthews，2014b）。此外，贸易规则越来越多被用于规范发展中国家之间的贸易，这就令规则约束"谁的政策空间？"这一问题更加突出。还有，在经济合作与发展组织（OECD）国家农业支持，尤其是其中的贸易扭曲部分在减少的同时，部分中等收入发展中国家的支持有所增长（OECD，2014）。在南南贸易成为常态的情况下，要结合实际情况来考虑 WTO 规则的科学性，这点很重要。

3 进口保护的多边规则

3.1 现行规则介绍

WTO 成员在进口农产品使用关税时受到 AoA 限制。成员 100％的农产品税目受到 AoA 规则规范。约束税率承诺派生于"确定改革计划下具体约束承诺的模式"（MTN. GNG/MA/W/24），该模式有 4 个核心：

（1）对普通关税（也称一般关税）管理的农产品，削减承诺应依照约束税率执行；在非约束关税的情况下，依照 1986 年 9 月 1 日关税水平执行。对于非约束一般海关关税产品，发展中国家获得了一定灵活性，可以采取"上限约束"税率。

（2）对于使用普通关税措施之外边境措施的农产品，要将相关措施"关税化"，其后依据所得的关税税率作为基础税率执行减让承诺。"关税化"后得到的产品从价税等值为国内市场价格与国际市场价格之差。

（3）普通关税，包括"关税化"的普通关税都要削减。规则要求从 1995 年开始，发达国家在 6 年内分年度削减关税税率，以简单算术平均方法计算共应削减 36％，每税号至少削减 15％。发展中国家要在 10 年内，也就是到 2004 年以前削减 24％，每税号至少削减 10％。不发达国家不用做出削减承诺。

（4）在没有明显进口的领域，必须通过关税配额设立进口准入机会最低限量，在实施期末限量不少于国内消费总量的 5％。当前实施的此类进口准入机会最低限量必须保持。

在 AoA 签署后加入 WTO 的成员所做的承诺并不遵循上述模式，而是要与既有成员逐个谈判确定。一般来说，这些后加入的成员谈判得到的约束税率都比既有成员更低，而且不能使用"上限约束"税率。既有成员的农产品平均约束税率为 63％，而截至 2013 年，后加入成员（不包括后来加入欧盟的成员）的农产品平均约束税率仅有 20％。22 个后加入成员中，有 17 个是 WTO 的发展中国家。

1995 年签署马拉喀什协议时，每个成员向 WTO 提交了约束关税承诺时间表（如果不是 WTO 初始成员而是后来加入的，则该表附在各自入世议定书中），确定了其可以针对进口农产品使用的关税上限。WTO 给所有想要改变约束关税承诺的成员提供了一个机会：要改变或者撤销关税减让承诺，要遵循的原则是以新的减让作为补偿，保证减让在整体上便利贸易的水平不减损。《1994 年关税与贸易总协定》（GATT 1994）规定要改变或者撤销承诺需要与那些被认为"有主要供应利益"的国家达成合意。"有主要供应利益"的国家指那些对想要改变或者撤销关税削减承诺的国家有重大出口贸易的国家①。不过，各国普遍认识到，这是一个艰巨的过程，很难开展，更无法保证能成功。

3.2　发展中国家面临的进口关税

乌拉圭回合农业贸易谈判的目标之一是通过降低发达国家的保护和国内支持水平来促进发展中国家粮食安全。参与者寄希望于通过 AoA 规范发达国家的政策从而提高国际市场价格，让发展中国家的农民有更大动力进行粮食生产，尤其在发展中国家本身也在进行政策改革时，这种动力应该更足，最终这将有利于提升发展中国家农民收入和粮食安全水平（Anderson 和 Tyers，1993；Anderson，1998）。

在阐述联合国千年发展目标（MDG）的目标 8.A，即进一步发展开放、基于规则、可预测、非歧视性的贸易和金融系统的进展时，2014 年联合国 MDG 监测报告利用 WTO 数据（数据 1）分析了发展中国家出口商面临的

---

① 比如，2000 年印度就修改受约束税率管理的大米、玉米、高粱和小米的进口关税税率问题，与美国、欧盟和澳大利亚进行磋商。参见印度，工商部在 GATT 1994 第 28 条项下的磋商，http：//commerce. nic. in/wtomar2k2. htm，2015 年 3 月 24 日通过。2012 年，在加入欧盟仅 4 年后，乌克兰提出申请，要求重新谈判 371 个商品的约束税率。其他 WTO 成员对乌克兰这一申请表示不满，不少成员要求乌克兰撤销申请［参见国际贸易和可持续发展中心（ICTSD）2012 年 11 月 28 日的"桥"报告 http：//www. ictsd. org/bridges - news/bridges/news/goods - council - ukraine - rene-gotiation - request - russia - trade - policies - under］。2014 年 10 月，乌克兰撤回了申请，转而根据 GATT 1994 第 12 条实施为期一年的 10％农产品附加关税和 5％非农产品附加关税（除特定"关键商品"外）来应对本国国际收支问题。乌克兰的申请不论范围还是理由都不寻常，但是，各国的确有可能在提供等量补偿基础上重新谈判个别税目的约束税率。如果进一步削减涉及粮食安全、人民生计和农村发展的特殊重要产品的关税给发展中国家带来这些方面的问题，这些发展中国家应该谨记他们还拥有这样的可能性。

关税壁垒趋势（联合国，2014）。即使将优惠协议考虑在内，发达国家针对发展中国家农产品的关税水平仍超过 7%。不过，这一农产品平均关税水平在 1996—2004 年下降了 1.3 个百分点，到 2012 年进一步下降 1.4 个百分点。发达国家对不发达国家农产品的平均关税税率已经跌破 1%。与来自其他发展中国家的出口竞争产品相比，不发达国家享有近 6.8% 的优惠。所以，尽管更高的削减幅度可能对提高发展中国家农民的出口机会做出更大贡献，不可否认，发达国家的农产品关税的确在下降[①]（图 3-1）。

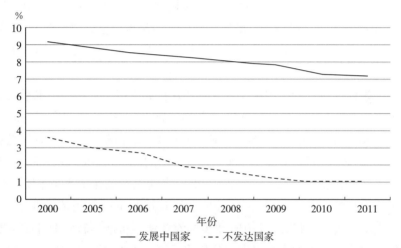

图 3-1　2001—2011 年发达国家对发展中国家和不发达国家
农产品实施的平均关税（从价百分比）

资料来源：WTO（2014c，表 F.4）。

发达国家农业保护趋势分析的另一视角来自 OECD 的生产者支持价值评估数据库指标[②]。生产者名义保护系数（NPC）计算的是生产者获得的平均农场价格（对生产者每吨产品当时支付的价格）与边境价格（假设产品交接也在农场处）的比率。这一指标可以用来衡量一国实际实施的保护水平，不过存在关税冗余时实施关税效果可能被低估。这是因为，对于某产品的净出口国而言，产品生产者获得的价格主要被国际市场价格决定（没有出口补贴情况下），尽管该国也对产品进口征收了关税，这种关税对生产者获得价

① 这与部分发展中国家在"发展箱"谈判中提出的意见有所不同（WTO，2000）。
② 请注意，这个数据库现在也包括部分在 WTO 将自己认作发展中国家的 OECD 和非 OECD 国家，本部分仅指那些 OECD 发达国家成员。

格的支持效用会大打折扣。生产者 NPC 也没有考虑国家对生产资料等投入品的补贴，尽管这类补贴对发达国家来说重要性不是太大。

第二个指标是生产者名义支持系数（NAC），计算的是包括支持在内的农场总收入与不包括支持在内的按照边境价格计算的农场总收入（假设产品交接处也在农场）之间的比率。所以，除了 NPC 已经计入的市场价格支持和与生产不脱钩的支付外，这一指标还涉及其他针对生产者的财政支出（如针对农业环境的支付，针对灾害的支付，地区性支付和脱钩的收入支持等）。其他财政支付大都符合绿箱标准，不会被 AoA 限制（见 4.2 节）。所以 NPC 用来测算贸易扭曲性支持措施更合适，但是报告也会列出 NAC 趋势供对比。在两个指标中，数值为 1 代表没有支持，而高于 1 就代表有积极的价格支持（NPC 中）或者整体有支持（NAC 中）[①]。

两个指标都显示发达国家在减少农业保护和支持。农业保护水平的最大降幅出现在 1995—2000 年 AoA 关税削减之前。图 3-2 中 9 个国家的平均 NPC 从 1986—1988 年的 2.42 下降到 2000—2002 年的 1.98。之后又稳步从 2000—2002 年的 1.74 下降到 2005—2007 年的 1.51，到 2011—2013 年的 1.31。虽然一些发达国家 2005—2007 年以来的农产品保护水平下降是世界市场价格走强的影响，AoA 签订后带来的政策改革的作用依旧非常重要。在这一点上，很多人担心，《2014 年美国农业法》可能逆转农业补贴不断减少的发展趋势，因为如果世界农产品价格下降，可能导致美国启动大规模反周期性支付（Glauber 和 Westhoff，2015；Smith，2014）。

将上述趋势和 9 国 NAC 趋势比较可以发现，一些贸易扭曲性支持已经被其他形式的支持或对生产者转移支付取代。图 3-3 中 9 国简单平均 NAC 1986—1988 年为 2.43，1992—1994 年为 2.05，与这些年度的 NPC 值很接近。随着 AoA 的签订，NAC 平均值在 2000—2002 年下降到 2.01，2005—2007 年下降到 1.77，2011—2013 年下降到 1.55。从 AoA 生效开始，NAC 也出现了下降，但是降幅小于 NPC。因被认为没有贸易扭曲性，符合绿箱政策规则而不被 AoA 所限制的支持措施的比例相对增长。这类措施是否真的对贸易只有最微小影响还在争论中，下面 4.2 节将进一步分析。

---

① 生产者支持估计值（PSE）数据库中对支持措施界定和计算与 AoA 下 WTO 通报的支持措施有区别，此处引用 PSE 数据库指标是为强调发达国家支持措施的发展趋势。

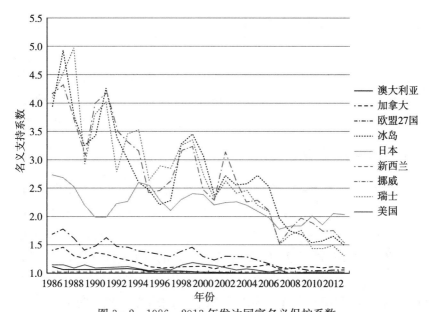

图 3-2　1986—2013 年发达国家名义保护系数

资料来源：根据经济合作与发展组织（OECD）生产者支持估计值（PSE）数据库计算。

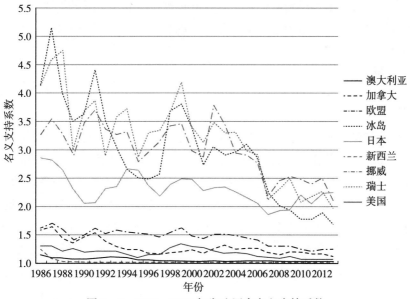

图 3-3　1986—2013 年发达国家名义支持系数

资料来源：根据 OECD PSE 数据库计算。

3.3 发展中国家粮食安全和现有进口规则

很多发展中国家都要求能够在面对国际市场价格低迷和进口激增时保护国内农民利益，维护本国粮食安全。约束税率体现了一国在进口保护方面的政策空间，因为从原则上讲约束税率是一国对进口产品实施的关税上限。

3.3.1 现有政策空间多大

分析约束税率模式时，会发现很清晰的层次（表3-1）。不发达国家的平均约束税率最高，其次是发展中国家约束税率，发达国家约束税率最低。但进一步分析实施税率可以发现，三者之间根本没有明显区别。也就是说，总体而言，不发达国家和发展中国家都有大量的政策空间（他们的平均约束税率和实施税率之差）没有利用。不过，这仅是从整体而言的，各国差异性非常巨大，也有些国家在这一块几乎已经没有未用的政策空间了。

表3-1　2013年不发达国家、发展中国家及发达国家平均关税结构

国　家	平均约束税率（%）	平均实施税率（%）	平均未使用政策空间（%）
不发达国家	74.5	15.1	59.3
发展中国家	52.9	14.8	38.1
发达国家	35.7	16.7	19.0

资料来源：根据 WTO 关税数据（WTO，2015）计算。根据社会经济指标对各国发展程度进行划分而不是他们自行认为的发展程度。

举例来说，不发达国家的约束税率从海地（21%）、也门（25%）和柬埔寨（28%）到赞比亚（123%）、孟加拉（192%）和莱索托（199%）（图3-4）。32个属于 WTO 成员且数据可得的不发达国家中，24个平均约束税率超过40%。发展中国家（使用 IMF 的界定方法）约束税率差距也很大，从阿尔巴尼亚的10%和塔吉克斯坦的11%到毛里求斯的120%、津巴布韦的141%和尼日利亚的150%。82个属于 WTO 成员且数据可得的发展中国家里，42个平均约束税率达到或超过40%。发达成员约束税率从中国香港特别行政区的0到澳大利亚的4%、美国的5%和冰岛109%、挪威135%。

如表3-1所示，农产品实施税率在不发达国家、发展中国家和发达国家类别之间及各类别内部的分配更为平均（图3-5）。大部分实施税率在

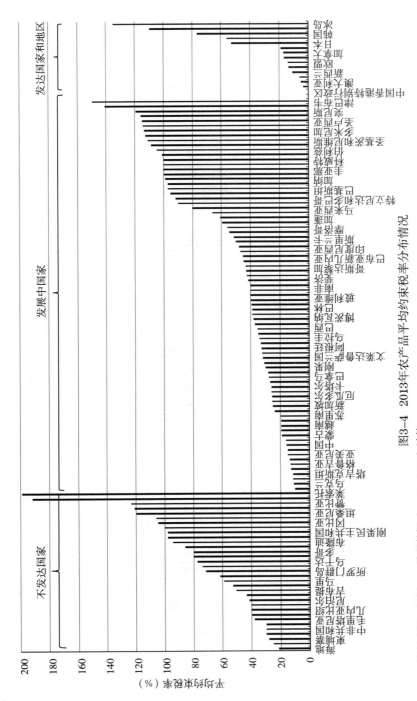

图3-4 2013年农产品平均约束税率分布情况

资料来源：根据WTO关税数据（WTO，2015）计算。

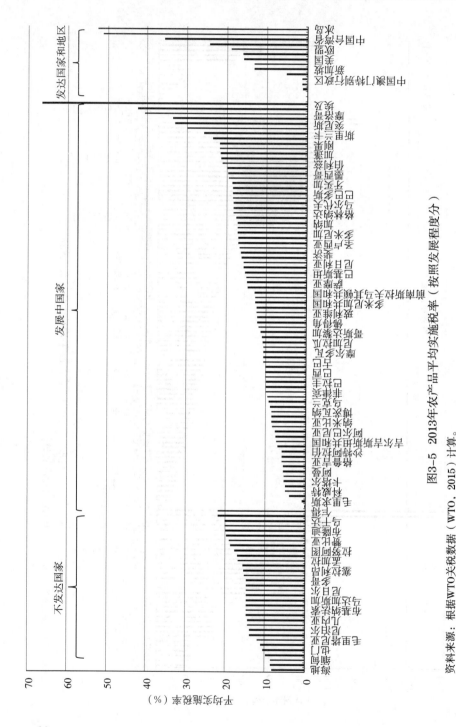

图3-5 2013年农产品平均实施税率（按照发展程度分）

资料来源：根据WTO关税数据（WTO，2015）计算。

10％～20％，不过也有例外。在不发达国家中海地的实施税率最低（8％），其次是莱索托（9％），尽管后者的约束税率在 WTO 成员中是最高的[①]。在发展中国家中，实施税率低的国家有文莱、毛里求斯、新加坡和很多中东产油国。在重要的农产品生产国中，智利的实施税率最低，只有 6％。另一方面，有 4 个发展中国家的平均实施税率超过 40％（埃及 67％、韩国 53％、土耳其 42％、摩洛哥 41％）。印度次之，平均实施关税 34％。发达国家实施税率与其约束税率一致，从中国香港特别行政区的 0 到澳大利亚、新西兰的 1％，到瑞士的 36％和挪威的 51％。

将平均约束税率和平均实施税率比较，可以算出未使用的政策空间有多大，即二者之差。一国约束税率表示其政策可用空间，而未使用的政策空间可以提示在未预见的世界市场价格下跌出现时，一国还可将现有关税提高多少。与约束税率不同，修改实施税率不用向 WTO 正式通报或者对受影响的贸易伙伴国提供补偿，前提是提高后的税率也不超过约束税率[②]。当多哈回合谈判进一步削减约束关税时，一国未使用的政策空间也代表在多大程度上该国不需要改变实施税率[③]。在这方面不发达国家、发展中国家和发达国家内部各国间差别非常明显（图 3 - 6）。

在不发达国家中，6 个国家有少于 20％的未用政策空间。但是，正如 3.4 节所述，作为多哈回合谈判的一个结果，不发达国家也不太可能被要求继续削减约束税率。24 个发展中国家的未用政策空间小于 20％，其中最小的是中国，该国约束税率和实施税率差距只有 0.2％[④]。这些未用政策空间小的国家中不少是新加入 WTO 的成员，在入世过程中只得接受很低的约束税率，对于此类国家，多哈回合谈判最终可能给予特殊安排。另一些未用政策空间少的国家则是因为已经实施了非常高的实施关税（摩洛哥、土耳其和

---

① 导致这一情况出现的原因是其成为南非关税同盟成员。

② 各国被禁止在关税上使用变量，将关税水平和国际市场价格联动起来，参见争端解决案件 DS 207 号智利-价格约束体系 https：//www. wto. org/english/tratop_e/dispu_e/cases_e/ds207_e. htm。在该争端中因为智利使用价格约束体系来稳定本国国内价格，被阿根廷诉至 WTO。该争端结果证明，即使在约束税率之内，如果与 AoA 第 4 条的脚注不符，相关实施税率调整依旧可能被认为违反 WTO 规则（Gifford 和 Montemayor，2010）。

③ 术语中这样的未用政策空间被称为关税"水分"。

④ 名单包括科特迪瓦、塔吉克斯坦、苏里南、阿尔巴尼亚、越南、韩国、吉尔吉斯共和国、约旦、佛得角、厄瓜多尔、格鲁吉亚、亚美尼亚、汤加、刚果民主共和国、泰国、沙特阿拉伯、萨摩亚、摩洛哥、蒙古、巴拿马和土耳其。

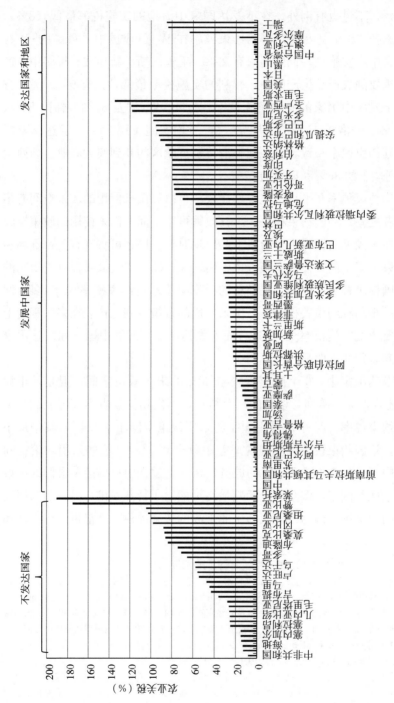

图3-6 2013年未用农业关税政策空间

资料来源：根据WTO关税数据（WTO, 2015）计算。

韩国）。泰国是除前述之外唯一的人口众多的亚洲国家，而苏里南和巴拿马是拉丁美洲国家。

这些表格显示的不仅是国家间数据存在明显差异，还有国家间差异相当任意，并不是依据发展程度等明确指标分布这一事实。现在的格局是由历史上的实施税率和保护水平差距造成的（对那些在 AoA 下根据实施税率或者基于关税化确定约束税率的国家来说），或者，对可以使用"上限约束"的发展中国家来说，由其确定上限时做出的不同选择决定。加入 WTO 的时间同样很重要，因为 1995 年以后加入的成员不得不在入世议定书中承受更低的约束税率作为加入条件。尽管总体来讲更贫穷和脆弱的国家能够得到更大进口政策空间，但也有很多例外。

下面通过对农产品平均约束税率、实施税率与人均 GDP 的对比，用另外两组数据对进口关税空间的任意性进行分析。这里首先要推定一个前提，即更贫穷的国家有更大量的脆弱小农户存在，所以需要更高约束税率提供足够政策空间①。图 3-7 显示，对比数据存在微弱负相关性（与表 3-1 中总

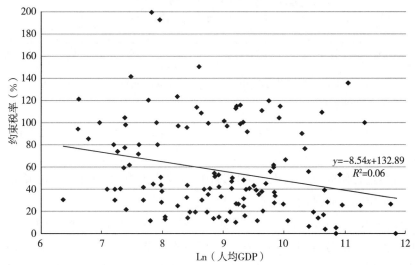

图 3-7　2013 年农产品平均约束税率对比人均 GDP（2011，美元计算购买力平价）

资料来源：作者计算。

---

① 农场平均收入（用农业增加值除以农业劳动力数量计算）是更直接的农业人口脆弱性衡量指标。此处用人均 GDP 作为替代，但的确有明显不宜直接替代的情况，比如加蓬，人均 GDP 比较高，但大部分农业人口却很贫穷。

趋势一致），但有巨大变量。很多发展中国家都希望使用关税"上限约束"，可那些更加贫穷的国家却似乎没意识到自己需要更大的进口政策空间。这在图 3-8 中被进一步证实。图 3-8 显示的是农产品实际实施税率，负相关性几乎消失了。大部分国家对 10%～20% 的平均农产品关税水平满意，而越往图表右边移动，离散度就越明显。这部分指收入更高的国家，既包括那些实施关税水平远高于整体水平的，也包括那些实施关税水平远低于整体水平的。

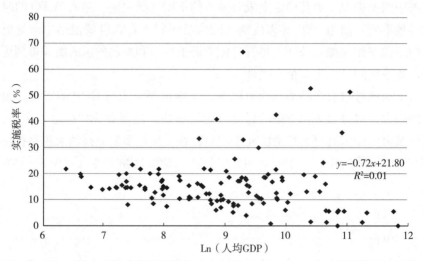

图 3-8　2013 年农产品平均实施税率对比人均 GDP（2011，美元计算购买力平价）

资料来源：作者计算。

上文中，笔者一直都在使用农产品关税的均值。事实上，一国关税结构很复杂，有的税号高达数千个，用平均关税税率概括信息肯定不完全。如果针对税号进行研究，会发现上面提过的很多发展中国家约束税率和未用进口关税政策空间都较高的论述不一定成立。

Bernabe（2008）从 G-33 集团（世界贸易组织谈判中的 33 国协调组织）中挑选出部分成员（不发达国家成员不可能被要求按照 Rev.4 进行进一步的关税削减，所以不在研究范围，另外部分国家数据不可得也无法研究），对其 16 个"特殊产品"分税号进行了更详细研究。这些产品是国际贸易和可持续发展中心（ICTSD）国别研究中总结出的最常被成员认定为"特殊产品"的产品种类（代表性"特殊产品"）。这些产品是：水稻、玉米、小麦、豆类、牛奶、奶制品、牛肉、山羊肉、绵羊肉、猪肉、鸡肉、马铃薯、番茄、洋葱、植物油、糖（ICTSD，2007）。此外，研究人员针对 16 个国家个案分析出各国潜在特殊产品的名单，Bernabe 的研究中也有使用。

她的研究目的是分析对特殊产品是否免于要求做进一步关税削减，因为约束税率和实施税率的差距（水分）已经非常小了。进一步压缩这部分产品的水分，会限制相关国家政策空间，令其无法实现所需的实施关税水平。对于水分小于 10% 和 20% 的产品，分别被认为应免于进一步的关税削减，究其原因：一是在这种情况下削减约束税率难免迫使实施税率随之削减；二是有必要在约束税率和实施税率之间保持一定缓冲区，用来解决市场价格下行造成的问题。研究涉及的 30 个 G-33 成员中，9 个国家有至少一个特殊产品的水分为零或者负值。17 个国家有至少一个特殊产品的水分小于 10%，20 个国家有特殊产品的水分小于 20%。如果使用各国单独的特殊产品名单研究，上述数字会进一步提高。这是因为各国名单，至少部分是在考虑到那些水分小的产品后制定的。

表 3-2 显示了 4 个对粮食安全很重要的食品类别的更加详细的数据，即谷物、油籽、肉类和奶制品，使用的国家是从三类国家组别中任意选择的。关税水分的平均值能否很好说明各个产品享有的未用政策空间，取决于一国税则上关税的分散度。约束税率和实施税率结构中关税分散度越高，产品关税水分就可能越小。有证据表明，许多发展中国家的关税结构更加平衡，所以出现此类问题的可能性不大［每个 WTO 成员的约束和实施关税税率变异系数已经被提交 WTO（2014b）］，研究这些国家时关税水分的平均值可以作为单个产品未用政策空间的替代指标。表 3-2 中四类食品未用政策空间的差异，可以通过比较每类食品约束税率和实施税率之间水分与全部农产品约束税率和实施税率之间平均水分得出。总体而言，四类食品关税的水分和农产品平均关税水分的差别很小，证明（无可否认，是在关税高度集中的情况下）整体未用政策空间也延伸到了各个类别产品上。

表 3-2　2013 年农产品关税结构选定因素比较

国家	农产品关税（%）		各产品关税（%）							
	简单平均约束税率	简单平均实施税率	动物产品约束税率	动物产品实施税率	奶制品约束税率	奶制品实施税率	谷物约束税率	谷物实施税率	油籽约束税率	油籽实施税率
发达国家										
澳大利亚	3.5	1.2	1.5	0.4	4.7	3.9	2.7	1.1	3.3	1.5
加拿大	16.8	15.9	28.1	24.5	246.9	248.9	19.7	21.4	5.5	3.9

（续）

国家	农产品关税（%）		各产品关税（%）							
	简单平均约束税率	简单平均实施税率	动物产品约束税率	动物产品实施税率	奶制品约束税率	奶制品实施税率	谷物约束税率	谷物实施税率	油籽约束税率	油籽实施税率
欧盟28国	13.5	13.2	23.2	20.0	53.9	52.8	21.9	17.1	5.6	6.1
日本	19.0	19.0	12.3	11.0	98.0	135.3	66.0	52.0	8.1	9.1
瑞士	52.6	35.7	148.3	116.7	106.3	116.9	47.9	27.9	62.4	22.3
美国	4.9	5.3	2.4	2.3	19.9	20.5	3.6	3.1	4.4	7.3
发展中国家										
阿根廷	32.6	10.1	27.6	8.3	35.0	18.3	32.9	10.9	34.6	8.0
巴西	35.4	10.2	37.8	8.2	48.8	18.3	42.9	10.6	34.6	7.9
中国	15.8	15.6	14.8	14.1	12.2	12.3	23.7	23.0	11.6	10.9
埃及	98.9	66.7	44.2	15.6	23.3	6.0	42.3	15.3	19.9	3.7
印度	113.5	33.5	106.1	31.1	65.0	33.5	115.3	31.3	169.7	37.4
印度尼西亚	47.0	7.5	44.0	4.6	74.0	5.5	44.6	5.3	39.9	4.5
墨西哥	45.1	19.7	62.4	36.0	63.0	30.6	46.3	15.8	44.4	13.8
菲律宾	35.1	9.9	37.6	20.5	27.2	3.9	37.6	10.2	36.8	5.4
南非	40.4	8.4	41.7	10.6	93.2	9.7	47.0	8.5	47.5	7.6
泰国	38.9	29.9	29.2	29.5	33.0	31.1	33.0	21.9	37.9	24.4
土耳其	61.0	42.4	132.8	103.7	169.8	129.6	68.6	37.9	24.4	14.0
不发达国家										
孟加拉国	192.0	16.8	192.6	19.3	157.5	23.5	196.3	13.7	193.7	9.5
柬埔寨	28.2	15.2	32.5	27.9	36.5	21.6	29.1	13.5	21.9	7.6
马里	59.2	14.6	60.0	19.0	38.8	16.3	59.1	13.2	59.2	9.5
莫桑比克	100.0	13.8	100.0	18.1	100.0	16.3	100.0	12.9	100.0	9.5
塞内加尔	29.8	14.6	30.0	19.0	27.4	16.3	29.5	13.2	30.0	10.7
坦桑尼亚联合共和国	120.0	20.0	120.0	23.1	120.0	43.3	120.0	23.5	120.0	34.3

资料来源：根据WTO数据（2014d）计算。

这些数字可能会对真正受影响的产品的数量产生误导。基于现有约束税率和实施税率，Bernabe发现这16个国家中只有45个特定潜在特殊产品的关税水分是零或者极小或者为负值。这说明即使从单独的税号分析，真正感到政策空间不足的产品并不多，而且集中在特定国家和特定产品上。如上所述，要解决这些问题可以考虑使用 WTO 相关程序重新谈判修改特定税号关税，而不是投资大量的谈判资本保护大多数发展中国家可能永远不会利用的规则。

3.3.2　发展中国家对政策空间的利用是如何发展的

WTO 关税数据可以用来研究成员一直以来是怎样使用自己的进口关税政策空间的。同样，首先要解决的问题是如何从数量庞大的税号中提取能够使用的整体性指标。表 3 - 3 研究了两个指标：第一个是 2006—2012 年简单平均实施税率变化情况（2013 年的简单平均约束税率也被列出来供对比）。第二个是同期免税产品在农产品税号中的占比情况变化。2006 年这个起点设在近期内第一次国际价格飙升时段，即 2007—2008 年，所以表 3 - 3 涵盖的时间段内世界价格波动相当剧烈。众多研究者发现为了应对世界市场价格增长，不少国家会选择降低边境实施关税税率以减缓国内价格增势（Konandreas，2012）。

平均实施税率随着时间如何变化只是一国使用进口关税政策空间的部分性指标，并不全面。研究仅涵盖最惠国（MFN）税率而没有考虑一国因为签署优惠贸易协定而采取的更低进口保护水平。这个简单平均计算的是全部农产品税号，不但包括与粮食安全更相关的基础性食品，也包括深加工食品、酒精饮料和烟草。另外，这样的简单平均也无法反映一国对某些产品（比如对家庭预算至关重要的基础食品）实施更低进口关税，对其他食品饮料（也许是为了弥补关税收入缺口）实施更高关税的情况。第二个指标，免税税号的占比变化可以辅助研究关税分散度是否有所提高。最后，对于使用从量税的国家，实施税率的变化可能反映世界市场（进口）价格的变化，而不是一国可自由支配使用的政策空间。为了评估这类政策的潜在重要性，表 3 - 3 也列出了非从价税在全部农产品税号中的占比以供参考。

为了研究简单平均实施税率随着时间的变化，一些微小的变化可能被忽略。它们可能来自关税结构或者税号数量的变化，即使在整体关税结构提供的保护水平没有变化的情况下，此类变化也可能影响简单平均实施税率。与前面的讨论一致（图 3 - 1），表 3 - 3 显示许多发达国家近年降低了实施税率。最后一列显示，这些国家大量使用非从价税，而即使没有政策自由度的改变，世界市场价格上涨也会令实施从价税下降。发达国家农产品关税的另一个突出特点是免税产品占比大（这也意味着那些有进口关税的税号的平均关税水平更高）。澳大利亚和加拿大提供的免税产品的比例都高于他们承诺的范围。但这仅是个例，在研究涵盖的时段内，样本发达国家免税产品占比从整体上讲没什么变化。

对发展中国家来说，尽管有明确证据显示面对国际市场价格上升，很多国家降低了食品进口关税，表 3-3 显示的情况要复杂得多。印度、印度尼西亚和南非的实施税率下降，墨西哥和泰国的实施税率上升，菲律宾和土耳其则变化不大。只有南非和泰国在农产品领域实施较多的非从价税，这也能部分解释南非平均关税有些下降的情况。研究发展中国家免税产品占比能发现比较明显的特点。现实情况与发展中国家约束税率承诺走向并不完全一致（南非是例外）。实践中，发展中国家大都选择了对部分农产品实施免税，而且免税农产品的占比在不断扩大，在一些国家已经相当高（比如埃及免税比例从 2006 年的 3％提高到 2013 年的 16％）。

不发达国家的情况也比较复杂。马里、塞内加尔、坦桑尼亚平均实施税率略有增长，孟加拉国、柬埔寨和莫桑比克则有所下降。这些国家的变化与非从价税没什么关系。总体而言，不发达国家中农产品免税进口并不普遍，有两个样本国减少了免税农产品占比，只有一个（柬埔寨）明显提高了免税产品占比。

表 3-3　2006—2013 实施税率变化情况

单位：％

国家	简单平均			免税产品占比			非从价税
	平均约束税率 2013	平均实施税率 2006	平均实施税率 2013	约束	实施 2006	实施 2013	实施 2013
发达国家							
澳大利亚	3.5	1.2	1.2	31.3	77.6	77.0	0.9
加拿大	16.8	17.3	15.9	46.1	57.8	59.3	12.3
欧盟 28 国	13.5	15.1	13.2	32.3	31.1	31.3	32.1
日本	19.0	24.3	19.0	34.1	35.9	35.9	13.9
瑞士	52.6	43.8	35.7	22.7	27.0	30.0	70.0
美国	4.9	5.3	5.3	30.2	32.9	30.8	41.4

（续）

国家	简单平均			免税产品占比			非从价税
	平均约束税率 2013	平均实施税率 2006	平均实施税率 2013	约束	实施 2006	实施 2013	实施 2013
发展中国家							
阿根廷	32.6	10.1	10.1	0.1	6.4	7.4	0.0
巴西	35.4	10.2	10.2	2.7	6.3	7.9	0.0
中国	15.8	15.7	15.6	5.8	6.0	7.2	0.3
埃及	98.9	66.6	66.7	0.0	2.9	16.0	1.3
印度	113.5	37.6	33.5	0.0	2.5	5.1	0.3
印度尼西亚	47.0	8.2	7.5	0.0	13.3	8.6	3.3
墨西哥	45.1	18.2	19.7	0.4	9.0	18.8	4.5
菲律宾	35.1	9.6	9.9	0.0	0.2	0.4	0.0
南非	40.4	9.0	8.4	21.4	44.8	47.2	12.8
泰国	38.9	22.1	29.9	2.0	3.7	4.6	28.1
土耳其	61.0	42.0	42.4	17.2	16.9	0.5	
不发达国家							
孟加拉国	192.0	17.3	16.8	0.0	11.5	10.4	0.7
柬埔寨	28.2	18.1	15.2	0.0	5.1	13.5	0.0
马里	59.2	14.3	14.6	0.0	0.0	0	0.0
莫桑比克	100.0	16.4	13.8	0.0	0.6	0.7	0.0
塞内加尔	29.8	14.3	14.6	0.0	0.0	0.0	0.0
坦桑尼亚	120.0	19.0	20.0	0.0	17.0	15.4	1.0

资料来源：基于 WTO 数据（2014d）计算。

　　表 3-3 提供的样本国数据显示，尽管出现过剧烈市场价格波动，2006—2013 年各国农产品平均关税政策变化并不剧烈。不过，笔者要再次强调，这种取均值的方法的确可能冲淡或者掩盖了部分产品（比如基础粮食产品）的关税变化情况，尤其是当一国在降低部分税号关税的同时提高奢侈品以及深加工产品关税以弥补关税收入损失时。部分国家也可能暂时停止或降低关税，又在很短的时间内恢复到原来的水平。举例来说，Baldwin 和 Alcamo（2013）分析了当国内减产和价格增长时，印度在 2009 年和 2010 年取消过食糖关税，2006 年 9 月至 2009 年 1 月取消过小麦关税，2008 年 3 月至 2009 年 3 月取消过大米关税，2006 年 6 月取消过豆类关税，2007 年取

消过植物油关税。表 3-3 的实施关税中长期比较很难反映这种短期的变化。上述研究还发现印度鲜切花关税在 2004—2006 财政年度预算中从 30% 提高到 60%。据说印度这样做是为保护具有就业和出口潜力的国内新生鲜花行业[①]。

排除例外情况，整体而言，表 3-3 传达的信息是，农产品进口实施关税结构看起来具有"黏性"。这证明有时进口关税的重要作用并不在于实现国内食品价格目标，而是被作为政府税收的来源。

另一个能反映发展中国家农业支持变化的替代性数据来源，是世界银行农业扭曲措施报告（Anderson，2013）中提供的发展中国家农产品名义保护率（NRA）。这个数据库的优点是涵盖时间长，可以看到 1995 年以来的发展趋势。名义保护率是将国内市场价格与外部价格做逐年比较（此方法遵循 AoA 模式关税化方法，尽管 NRA 也包括与生产挂钩的直接支付），但是不直接评估边境关税。除了边境关税，国内市场价格还可能被进口数量限制、管理价格等其他政策工具和汇率失调影响。发展中国家农产品 NRA 1990—1994 年和 2000—2004 年（发展中国家逐个加入 AoA 的时期）呈增势，而 2005—2010 年开始有所下降（很可能是因为当时高位的国际价格）。尽管是非直接证据，但这反证了部分研究提出的 AoA 不但阻止发展中国家支持本国农业发展，还强迫他们开放市场的结论。平均来讲，发展中国家在这一阶段提高了他们的农业保护水平。再次强调，这仅是样本发展中国家的平均情况，部分发展中国家的情况绝非如此。

3.3.3 AoA 是否限制了发展中国家征收进口关税的政策空间

证据显示，自 AoA 生效以来，总体而言 WTO 关税规则不是限制发展中国家和不发达国家实施关税措施的主要原因（Sharma，2007；Laroche Dupraz 和 Postolle，2013）。证据还反证了一些报告提出的 AoA 迫使发展中国家进一步开放市场的理论（Ching 和 Khor，2013；Lilliston 和 Hansen-Kuhn，2013；McKeon，2011）。AoA 的确要求使用普通关税或使用关税化公式确定约束税率的发展中成员在 1995—2004 年 10 年内将约束税率平均削

---

① Baldwin 和 Alcamo 为美国国际贸易委员会工作（USITC）。USITC 另一份报告指出"印度政府经常根据市场行情调整贸易量大的农产品的税率，比如小麦、大米、食糖和植物油，以缓解食品价格通胀。如果国内农产品价格上升，关税就被下调以压低价格，减少对消费者的影响；如果价格下降，则通常通过提高关税增加进口产品成本来保护本国农民"（USITC，2009）。

减 24％，并要求每税号至少削减 10％。但是，所有签署 AoA 的发展中成员（不包括后来新加入的成员）都有权对之前实施非约束关税的税号制定约束"上限"（83％的此类发展中国家的农产品税号在乌拉圭回合之前是非约束的，Tangermann，2002），并以此为削减基础。不发达国家则不被要求削减约束税率。似乎很多国家的约束税率都定得很高，让其留有足够灵活性将关税提高到需要的水平[①]。

　　还有说法认为发展中国家实施低税率是结构调整计划的结果，暗示这并不是他们的首选（Margulis，2014），暗示如果发展中国家自己说了算，没有外部规则监督，他们会实施更高的关税。在 20 世纪八九十年代，关税改革和削减往往是有收支困难的国家为得到 IMF 和世界银行资金所需做出的结构调整计划的一部分。Ingco（1995）在乌拉圭回合农产品贸易自由化研究中指出，许多拉美国家在 20 世纪 80 年代末 90 年代初都做出了单边贸易改革，并在其 AoA 承诺中进一步固化。但是，进入 21 世纪，随着宏观经济和经济增长指标的改善，申请 IMF 资金的发展中国家迅速减少，直到 2008年金融危机后才开始缓慢增长（参见 IMF 执行董事会报告）。这样看来AoA 生效后发展中国家的选择不太可能是外部压力的结果，与发达国家一样，将他们的选择解释为国内政治经济压力的推动可能更合理（Anderson，2010）。WTO 规则并不作用于实施税率，而仅约束约束税率。只有在部分国家约束税率和实施税率没有差距时，WTO 才会限制发展中国家的政策空间。但是，没有一个发展中国家（提请注意，中国是唯一例外）的实施税率和约束税率一直是特别接近、没有差距的。

---

① 该报告还提出，乌拉圭回合 AoA 造成"贸易自由化的不平衡，实质上发展中国家的自由化水平比那些富有的国家更大"（Clapp，2011）。作者早期还提出"AoA 下发展中国家削减的幅度平均来说比工业化的国家更大"（Clapp，2006）。这一观点引用（Anderson 和 Martin，2005），而后者引用（Finger 和 Winters，2002）。不过被引用的报告涵盖所有产品而非只有农产品。Ingco（1995）对农产品关税削减模式做了全面的研究。研究比较了乌拉圭回合谈判之前和之后的关税，鉴于很多国家的农产品在乌拉圭回合谈判前没有使用约束关税，所以研究需要依托于强假设。报告没有按照发达和发展中国家来计算平均税率削减，而是直接研究国家样本。她总结认为，发达国家和发展中国家都利用关税化过程来提高基础约束税率水平，以超过之前实际实施税率水平（所谓"肮脏的关税化"）。她同时指出，在亚洲和非洲，但拉丁美洲可能例外，很多发展中国家选择"上限约束"的上限也远高于他们乌拉圭回合谈判之前的实施税率。乌拉圭回合谈判不发达国家被要求约束农产品关税但不用削减。如果比较最终约束税率和 1986—1988 年实施税率等量，她总结说，有些发达国家的关税保护水平提高了（如美国和欧盟，不包括日本），同时发展中国家的保护水平也大都提高了（因为很多国家 1986—1988 年的实施税率等量为负，也因为许多国家使用高水平的约束"上限"）。

3.4 多哈回合农业模式修正草案第 4 稿 （Rev. 4） 对粮食安全的潜在影响

正在进行的多哈回合多边贸易谈判旨在 "在市场准入、以逐步消除为目标的一切形式的出口补贴削减、贸易扭曲性国内支持实质削减方面取得实质进步" （WTO，2001a）。一些发展中国家担心如果敏感产品的关税大幅降低，又禁止成员采取措施应对进口激增和国际市场价格异常低迷，因为既有和提议的 WTO 规则下缺少足够灵活性，可能导致社会经济问题。

这些国家力求免除那些他们认为对粮食安全有影响的重要产品（特殊产品，SP）的关税削减义务，并寻求抵御进口竞争波动影响的权利（特殊保障机制，SSM）。此外，所有国家都有权确定一定数量的敏感产品，这些产品实施的关税削减小于公式强制要求的幅度，但相应地要求通过关税配额提高市场准入（插文 1）。很难确定在 Rev. 4 下基于上述基础达成合意会对各国产生怎样的影响。这种影响将部分取决于各国对模式提出的各种灵活性，尤其是有关特殊和敏感产品规定的利用情况。同时，多哈回合能否以 Rev. 4 为基础顺利得到成果还不能肯定，未来要继续做出怎样的改变来确保成员各方达成合意也不清楚。不过，无论如何，Rev. 4 都是未来 WTO 规则发展变化方向最具体的指南。

发展中国家的粮食安全会受到发达国家所做的额外承诺和模式草案有关进口保护政策空间的规定影响。Rev. 4 下的关税削减公式颇具野心，特别是相对于乌拉圭回合谈判中使用的方法。如果完全按照该关税削减公式，发达国家加权平均实施税率将下降超过 50%，发展中国家也会降 18.5%（Laborde 等，2012）。二者间的差距既反映了差异化的关税削减公式本身的特性，也证明了整体上讲发展中国家的约束税率和实施税率有很大差距。

尽管发达国家平均实施税率有明显削减，关税削减灵活性的存在还是减少了发达国家的削减幅度。对发展中国家，因为灵活性的存在，平均实施税率削减幅度是最初税率的 0.8%。总体而言，在考虑了灵活性之后，发达国家和发展中国家面对的实施税率（包括发展中国家在发展中国家市场面对的税率）下降幅度大约是 20%。Brink （2014） 根据 Laborde 和 Martin （2011）的成果进一步研究了这对一些发展中样本国可能带来的影响。他指出，有些国家根本不用削减平均实施税率，包括巴西（平均实施税率 4.8%）、印度（52.9%）、印度尼西亚（52.9%）、墨西哥（3.9%）和南非（5.9%）。另一些国家的削减幅度也很小，在 1% 以下，包括中国（从 7.8% 到 7.5%）、韩国（从 27.8% 到 27.1%）、泰国（从 20.6% 到 19.6%）和土耳其（从 13.6% 到 13.2%）[①]。

看上去 Rev.4 似乎对发展中国家已有的进口保护政策空间影响不大，但的确会减少他们的潜在或者未利用政策空间。对不发达国家和一些最近新加入成员，以及转型经济体而言，鉴于 Rev.4 不会要求其进行约束税率削减，所以对其未使用政策空间也没什么影响。但是，这也预示着多哈回合中发展中国家市场整体而言增加的新市场准入非常少，以致基于 Rev.4 达成的协议对农产品出口国而言缺乏吸引力。解决这种利益分歧带来的问题就成了谈判的突出困难之一。

插文 1　多哈回合 Rev.4 关税削减规则

Rev.4 关于市场准入的部分涉及关税和关税配额（TRQ），本插文主要涉及影响关税的规则。

关税削减将根据一个高关税高削减幅度的公式分层进行。发达国家的削减幅度将从关税 20% 以下削减 50%，调至关税 75% 以上削减 70%，平均削减幅度不超过 54%，而且对关税设定 100% 的封顶值。对发展中国家，每层要削减发达国家相应层幅度的 2/3，最大平均削减幅度不超过 36%。部分发展中国家被许可更小的削减幅度，主要是弱小经济体（SVE）以及新加入成员（RAM）。不发达国家和一些最近新加入成员以及转型经济体免于削减。对于关税升级产品有特殊规定，普遍原则是加工品关税高于原料，中间形式产品削减幅度大。

一些产品基于不同关注而留出灵活性，削减幅度更小，包括：

---

① 这些农产品加权平均实施税率与 WTO 的数据有区别，有的地方区别还较大。部分原因是数据根据不同时期计算得出（Laborde 和 Martin 一般用 2004 年数据，WTO 则是 2013 年数据），部分是因为简单税率和加权平均税率的区别，还有 WTO 与 Laborde 和 Martin 使用的 MAcMAPs 数据库对非从价税和关税配额的处理方法也不同。总之，对一些国家来说，区别还是很大的。

- 敏感产品（所有国家可用），削减幅度小，但是要通过关税配额提供更多低关税市场准入机会。发达国家4%，发展中国家5.33%的税号可以设为敏感产品。可能会也可能不会要求敏感产品限于那些已有TRQ产品。

- 特殊产品。发展中国家可以自行决定12%的税号为特殊产品（SVE和RAM是13%），但要基于粮食安全、生计安全和农村发展指标。此外，其中部分（5%）可以免于削减，但是总体平均削减幅度不得小于11%（SVE和RAM是10%）。

热带和多样化产品、长期特惠产品适用特殊规定。对于热带和多样化产品，发达国家在两个可选条款中二选一进行比削减公式要求幅度更高的削减。对长期特惠产品，使用长削减实施期或者可以推迟若干年削减。

总体而言，为实现进一步的关税简化，所有关税都将转化为从价税，但保留出一些灵活性和例外。

发达国家取消旧的"特殊保障措施"（适用于关税化产品）。有使用"特殊保障措施"权利的发达国家只能对有限的税号（2.5%）实施该措施。发展中国家可以使用新"特殊保障机制"，在进口数量或者价格触发下被允许提高约束税率。关于特殊保障机制实施期限，以及是否允许所有国家将关税提高到现行水平以上（比如多哈以前水平）等问题尚未有结果。

4 WTO 国内支持规则

4.1 现行规则介绍

AoA 关于国内支持的总原则是规范有贸易扭曲影响的措施，而对没有或仅有微小贸易扭曲性影响的政策则可例外。所有政策都要符合以综合支持量（AMS）为基础的承诺。特定产品的 AMS 以每个产品获得的价格支持、不可豁免的直接支付或者其他不可豁免的补贴形式来计算。非特定产品的支持则以货币化的非特定产品 AMS 统一计算。一国任意年度的当前综合支持总量是将各特定产品的 AMS 和非特定产品支持量合并计算出来的。WTO 成员的政策空间包括其可以使用的不计入当前综合支持总量的支持政策以及其 AMS 限量的规模（Brink，2013a）。

可豁免的政策包括：[①]
- 附件 2 政策（绿箱）
- 条款 6.5 政策（蓝箱）
- 条款 6.2 政策（发展箱）

绿箱政策必须满足 AoA 附件 2 列出的一系列标准，以保证其"没有或仅有最微小的贸易扭曲作用，对生产影响很小"。绿箱包括一般性政府服务，包括研究、推广服务、基础设施和交通、害虫和疾病控制、营销和促销。其他措施还包括国内粮食援助、公共粮食储备、对生产者直接支付、收入保险和安全网、灾害救助、投资援助、环境项目、地区援助和结构调整项目，前提是满足附件 2 的标准。多哈部长会特别敦促成员"在挑战发展中成员作为绿箱通报的促进农村发展和充分解决粮食安全问题的政策时要保持克制"（WTO，2001b）。

AoA 附件 2 可免于国内支持削减的内容中有两个涉及粮食安全，一个

[①] 在国内支持这部分"政策"和"措施"两词可以互相替换使用。

是为粮食安全而进行的公共粮食储备，另一个是国内粮食援助。对于面临粮食可得性和粮食价格波动的发展中国家而言，粮食储备作用重大，而粮食援助项目是粮食不安全家庭重要的生计保证。AoA 现行规则规定，只要符合要求，粮食储备和国内粮食援助不应被限制。如果储备和粮食援助项目的粮食是以市场价格购买的，则成员相应支出不受约束。

为粮食安全目的进行的粮食储备涵盖"积累和储存构成国内立法所确认的粮食安全计划组成部分的产品库存的支出（或放弃税收）"。还可包括对作为该计划一部分的粮食安全产品私营仓储提供的政府援助。所有这些支出都必须符合 3 个条件：①此类库存的数量和积累应符合仅与粮食安全有关的预定目标；②库存的积累和处置过程在财务方面应透明；③政府粮食采购应按现行市场价进行，粮食安全库存的销售价格应不低于所涉该质量该产品现行国内市场价。不过，发展中国家以补贴价格提供粮食以满足城市和农村贫困人口需要的行为，也被认作绿箱，支出不受规则限制。

关于发展中国家以粮食安全为目的的公共粮食储备支出，AoA 还有进一步要求。发展中国家以管理价格收购和销售以粮食安全为目的的粮食储备，被推定为符合协议要求，前提是收购价格和外部参考价格的差价要计入AMS。正如 Häberli（2014）强调的"对本章如何解释，决定了其是对发展中国家提供了相当的灵活性还是对它们几乎没太大意义"。它并没有改变 AoA规范管理价格政策的标准，但是免除了对发展中国家使用非市场价格收购和销售粮食储备时所做的储备支出的限制。也就是说，如果粮食储备中收购政策没有满足绿箱标准也可得到豁免。值得注意的是，即使对收购支出有额外灵活性，在计算该产品 AMS 时针对管理价格也依旧要遵循标准的计算方法。

国内粮食援助支出也可以在绿箱下得到豁免。国内粮食援助界定为涉及向需要援助的人群提供国内粮食援助的开支（或放弃税收）。要想获得豁免，获得粮食援助的群体应该符合根据营养目标确定的明晰的标准。提供援助的方式可以是直接对合格的受益群体提供食物，也可以是采取措施令合格的受益群体从市场买到或者以补贴价格买到食品。政府要以市场时价采购食品，援助的财务和管理要透明。

AoA 中引入蓝箱的主要动因是推动部分发达国家放弃市场价格支持政策。6.5 条规定，如果按照固定的面积和产量支付，或者按基期生产水平的85％或 85％以下支付，或者牲畜按照固定头数支付，则限产项目下的支付不在国内支持削减的承诺之内。只有 10 个国家通报了蓝箱政策的使用，且都是发达国家。蓝箱政策一定要在"限产计划"下实施，所以对发展中国家没有吸引力。

最后一类可以豁免的措施是发展箱（AoA 6.2 条）[①]。这类豁免仅提供给发展中国家（中国是例外）。发展中国家对低收入和资源匮乏的生产者提供的普遍性农业和农业投入品投资补贴，或者采取措施鼓励从毒品作物改种其他农作物，也可以不计入当前综合支持总量中。

其他所有支持措施都要计入一国的 AMS。AoA 规则对成员国内支持政策的规范通过成员基于 AMS 的承诺而实现，一些国家的承诺是当前综合支持总量封顶，另一些国家的承诺则是特定产品 AMS 封顶。在计算当前综合支持总量时，可不计入一国微量许可。对发展中国家（中国是例外）特定产品 AMS 微量许可的数量是产品生产总值的 10%，对非特定产品则是该国国内农业生产总值的 10%。而对于中国，则分别只有 8.5%。如果 AMS 超过微量许可水平，则所有支持（而不仅仅是超过微量许可的部分）必须计入该国当前综合支持总量。

部分国家有当前综合支持总量的统一上限，是他们 WTO 承诺减让表的一部分，被称为综合支持总量约束水平。有这种情况的一般是在基期内提供了大量不可豁免的国内支持的国家。根据 AoA 规则，对那些计算了基期（1986—1988 年平均数）内综合支持总量的 WTO 成员，发达成员要在 2000年将国内支持削减到综合支持总量最终约束水平，发展中国家则到 2004 年。对于没有综合支持总量约束水平的国家，任何 AMS（不论是特定产品的还是非特定产品的）都不能超过微量许可水平，当前综合支持总量实际为零（表 4 - 1）。如 Brink（2015）解释的，"对大多数但不是所有发展中国家，微量许可水平就是它们 AMS 的上限水平；而对大多数但不是所有发达国家，微量许可水平则仅仅是个入门水平，当前综合支持总量才是该国承诺减让表要约束的支持量"。那些有综合支持总量约束水平的国家以此作为所有不可豁免的支持（不论是特定产品国内支持还是非特定产品国内支持）的统一上限，没得到这种统一上限的国家则面对许许多多的上限。如果他们任何特定产品的 AMS 或者非特定产品的 AMS 中有一个超过了微量许可，都会被指

---

① 注意，尽管 6.2 条的术语作为发展箱内容被广泛应用，但是，对其他"箱"而言，该术语没有官方认可地位。它也与 11 个发展中国家提出设立发展箱，推动 2000 年后农产品贸易自由化进一步谈判（WTO，2000）所指的内容不一样。

责违反承诺（Konandreas，2014）。

表 4-1 农业协定国内支持政策空间

成　　员	可豁免的措施	不可豁免的措施	数量（2015 年年初）
获得综合支持总量约束水平的成员	要求满足相应豁免条件（也就是 6.2 条、6.5 条或者附件 2）	要求不超过综合支持总量约束水平即可（3.2 条）*	15 个发达国家，17 个发展中国家
没有综合支持总量约束水平的成员		要求不得超过任何微量许可水平［7.2（b）条］	4 个发达国家，96 个发展中国家

　　* 有综合支持总量约束水平的国家也可以利用特定和非特定产品微量许可减少需要计入总量的支持，从而将支持水平控制在综合支持总量约束水平限制内。

　　资料来源：Brink（2015）。表中关于发达国家和发展中国家的界定和统计可能与本文其他地方有差别。

　　Brink（2011）还强调了另一个综合支持总量约束水平和微量许可约束水平的区别。前者基于名义数据，所以实际政策空间会随着通货膨胀而逐渐缩小。而微量许可基于一国生产总值的百分比确定（对特定产品微量许可基于特定产品生产总值，对非特定产品微量许可基于国内农业生产总值），所以会自动随着通货膨胀和农产品产量增长而增长[①]。举例来说，2001 年至今，印度农业生产总值增长了 156%，中国增长了 210%（Brink，2013a），所以，对于大多数使用不可豁免的支持措施，比如价格支持的发展中国家来说，他们的措施受到微量许可限制，而微量许可会随着通货膨胀和实际产量的增长而自动调节。

4.2　发达国家国内支持措施发展趋势

　　主要发达经济体的贸易扭曲性支持措施在 AoA 生效后有所下降，尤其是欧盟最明显。这一趋势可以用若干指标表明。图 4-1 将样本发达国家的非绿箱支持措施与生产总值进行了比较，所有不属于可豁免的绿箱措施都被计为贸易扭曲性措施。政策改革做出了巨大贡献（如，欧盟放弃通过管理价

---

　　① 17 个有综合支持总量约束水平的发展中国家也可以使用微量许可的豁免，但是它们整体政策空间小于它们微量许可水平和综合支持总量约束水平的加和。这是因为如果一个国家通报了特定产品微量许可水平之上的支持，就不能再主张用微量许可提供该产品的豁免了（Brink，2013a）。

格实施价格支持来提供安全网的做法），但是也有做样子的成分。举例来说，日本从 1997 年开始取消了大米管理价格，令其向 WTO 通报的国内支持价值大幅下降。但是，日本大米超高关税和借此带来的对日本国产大米超高保护依旧没有改变。

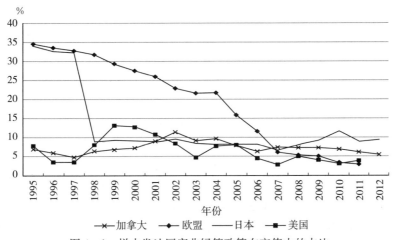

图 4-1　样本发达国家非绿箱政策在产值中的占比

资料来源：作者根据 WTO 透明度工具和成员通报计算，接续 Brink（2014b）研究。

　　另一个评估发达国家国内支持政策趋势的方法是，通过计算他们的实际支持占综合支持总量约束水平的百分比衡量政策空间使用情况。在图 4-2 中，所有国家贸易扭曲性支持措施（不计可豁免支持）限额水平都用综合支持总量约束水平表示出来。其中提供了两个指标：一是各国每年使用综合支持总量约束水平百分比的简单平均，这个指标可以避免使用每年变动的汇率将年度指标换算成一种统一货币的麻烦，虽然他给各国相等的权重，而实际上各国国内支持总量差异很大，比如冰岛和欧盟。二是加权平均的方法，要求将所有国家的数据都换算成美元，才能进行加总。这种方法可以考虑到各国国内支持的相对量，但是因为涉及汇率，各国支持总量数据变化可能是本国货币兑美元的年度汇率波动而不是支持措施本身导致的。

　　到乌拉圭回合过渡期结束，发达国家利用他们贸易扭曲性措施（不计豁免的支持措施）限额约 55%，而后这一数据又进一步下降到综合支持总量约束水平的 30% 左右（用简单平均）或者不到 20%（用加权平均）。两个指标都显示出下降趋势，不过加权平均指标显示的趋势更明显，这是因为欧盟的分量通过加权平均得到充分体现，而它的利用率百分比有大幅下降。

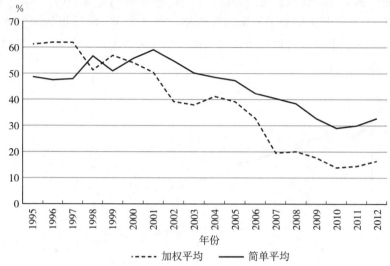

图 4 - 2 主要发达国家综合支持总量约束水平利用率

资料来源：作者根据 WTO 透明度工具和成员通报计算。

注意：发达国家包括澳大利亚、加拿大、欧盟、冰岛、日本、新西兰、挪威、瑞士和美国。用本国货币计算的通报被换算成美元，使用的是世界银行发展指标数据库年度平均汇率（冰岛用的是国际货币基金组织特别提款权，兑换美元比率采用了美联储经济数据）。欧盟综合支持总量约束水平数据使用的是欧盟通报数据而不是透明度工具，2007 年后二者有所区别。

在很多发达国家，削减非绿箱措施的过程，同时也是增加绿箱措施的过程，这一变化有时被称为"换箱"（图 4 - 3）。欧盟这种变化最突出，美国近期通报中也比较明显；但日本却不是这样做的。有评论人指出，发达国家对农民的总体支持量变化很小，而且因为绿箱措施的规模和数量大，同样会起到贸易扭曲作用，要求进一步规范发达国家绿箱措施来减少这种影响（Meléndez‑Ortiz 等，2009）。

是否绿箱措施类的支付真的提高了农业的资源吸引力，并对生产和贸易产生扭曲作用，很大部分取决于具体项目的内容设置。现在的问题是，绿箱措施在多大程度上与生产挂钩（OECD，2001）。完全与生产挂钩的绿箱措施得到的结果和同等水平的市场价格支持类似，完全与生产脱钩的绿箱措施则不被认为会影响农民的生产选择。如果措施的支付前提是农民减少生产（休耕）或者对生产有延伸性要求（农业环境项目）就可能与生产负相关。《1996 年美国农业法》和 2003 年欧盟共同农业政策改革出台后，有学术报告集中研究了直接支付，尤其是声称完全脱钩的收入支持的挂钩程度（Mo-

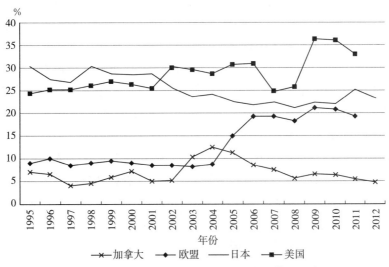

图 4-3　样本发达国家绿箱政策在生产总值中的占比

资料来源：作者根据 WTO 透明度工具和成员通报计算。

ro 和 Sckokai，2013）。研究该问题的一个角度是分析在多大程度上直接支付被资本化成为土地价值的组成部分（假设土地特定被用于农产品生产，无差别的土地补贴将导致地租的提高从而增加土地所有者收入，但是对生产没有影响）。上述报告概括总结，即使是满足绿箱标准的脱钩收入支持，也会通过多种渠道对生产产生影响。只是与无法满足绿箱标准的支付措施的影响相比，此类影响在分量上没有那么重要。在这些国家，上述绿箱措施类支付作为国内政策工具是否就没有问题还在争论中（《2014 年美国农业法》取消了脱钩直接支付）。总体来说，就算发达国家对农民的支持（包括市场价格支持和预算支持）在绝对量上变化不大（1986—2013 年 OECD 生产者支持估值一直在 2 500 亿美元上下波动），就其结构分析，当前支持措施的贸易扭曲影响还是比过去小得多。

2004 年，WTO 谈判各方同意授权进行绿箱政策标准的"审查与澄清"，以确保绿箱措施的确没有或者仅有最微小的贸易扭曲影响和生产影响。2005 年中国香港部长会上，各方也明确发展中成员实施的导致不超过最微小贸易扭曲影响的措施也包括在审查范围内。正因如此，关于一般服务的巴厘岛部长级宣言才明确提出，关乎土地改革和农村生计安全的农村发展和减贫项目属于 AoA 一般服务中可豁免的措施（WTO，2013）。

但是，就如何审查和澄清绿箱政策的标准，还没有比较统一的意见（Hepburn 和 Bellman，2014）。一些谈判方提议扩大绿箱可涵盖措施的范围，另一些提议则要求强化对绿箱的规范。Rev.4 涵盖了某些进一步严格绿箱政策项目（如脱钩的收入支持、灾害救助、作物保险、区域性援助等）合格标准的建议。更加立意深远的建议还包括对绿箱支持量的限制，或者更明确地说，对那些主要对农民提供收入支持的绿箱政策的进一步规范，以区别于那些解决市场调控失灵和提供公共产品的政策（政府公共服务项目、农业环境项目等）（Tangermann，2013）。AoA 确定的农业补贴结构和分类是否有继续存在的意义，以及农业补贴是否应该和《补贴和反补贴措施协议》下其他补贴区别对待等问题也受到质疑（Josling，2015）。Josling 还指出，国内支持补贴通报似乎有太多灵活余地。至少，如果对 WTO 农业委员会提交的农业补贴通报更加透明，当现有补贴增加或者新补贴实施时，会更清楚是源自哪些国家的政策。

4.3 发展中国家国内支持限制和政策空间

发展中国家用来提高粮食安全的措施大部分能归入 AoA 豁免的某个类别，所以 WTO 对这些措施没有限制。Konandreas（2014）根据发展中国家的 WTO 农业委员会通报将其使用的主要国内支持措施进行了分类。除了没有进行过通报的发展中国家，绝大部分发展中国家通报本国仅使用了可以豁免的生产者支持措施，或根本没有使用支持措施。只有 10 个发展中国家通报本国使用了微量许可以内的支持措施，14 个有综合支持总量约束水平的发展中国家通报本国使用了 AMS 支持，即要受到限量限制的支持措施。

发展中国家使用的不能被豁免，要计入 AMS 的政策工具是市场价格支持。尽管包含在发展箱内的相关措施被认为符合豁免要求（只有"对农业普遍适用的"投资补贴和"对低收入或资源贫乏的生产者普遍适用的"投入品补贴，才能得到豁免不计入 AMS），这类概念并没有得到农业协定正式认可，而实际上各国都将此类补贴纳入了 6.2 条而主张豁免。

如果发展中国家使用的支持措施不符合绿箱、蓝箱和发展箱的豁免条件，比如市场价格支持，就应该计入本国 AMS。在这种情况下，对绝大部分没有综合支持总量约束水平的发展中国家而言，非豁免性的支持措施要限于（一般）逐渐增长的微量许可水平。如果一国刚好是 17 个有综合支持总量约束水平的发展中国家的一员，那么这个约束水平就是它当前的综合支持总量，即超过微量许可限制的全部 AMS 的上限①。

表 4-2 列出了可以使用综合支持总量约束水平的发展中国家，并将他们的承诺与发达国家的进行比较。在全部的综合支持总量约束水平 1 950 亿美元中，发达国家和发展中国家占比是 92％和 8％，欧盟 28 国就占了总量的一半以上（Brink，2015）。

表 4-2 各国和地区综合支持总量约束水平

发达国家 （地区）	发展中国家 （地区）	百万美元	发达国家 （地区）	发展中国家 （地区）	百万美元
欧盟 28 国（a）		104 823	澳大利亚		396
日本		39 616		哥伦比亚	345
美国		19 103		南非	244
	墨西哥	8 332		越南	243
俄罗斯联邦（b）		4 400	冰岛		207
加拿大		4 031		塔吉克斯坦（c）	183
瑞士		3 930	新西兰		174
挪威		2 030		摩洛哥	88
	韩国	1 352		阿根廷	75
	委内瑞拉	1 131		突尼斯	48
	巴西	912		巴布亚新几内亚	34
	沙特阿拉伯	859	前南斯拉夫 马其顿共和国（d）		24
乌克兰		578	摩尔多瓦		20
	泰国	571		哥斯达黎加	16
	以色列	569		约旦	2
中国台湾省		450	黑山共和国（e）		0

资料来源：Brink（2015），根据文件编号 TN/AG/S/13/Add. 3/Rev. 1，2009 年 11 月 23 日，同时补了 2008 年加入 WTO 的成员。

注：除了特别说明，都用 2008 年数据。（a）包括克罗地亚；（b）2012 年加入，综合支持总量约束水平指到 2018 年的最终约束水平；（c）2013 年加入；（d）前南斯拉夫马其顿共和国；（e）2012 年加入，综合支持总量约束水平为 42.8 万美元，所以显示零。在 2008 年之后本国货币兑美元币值的变化导致一些国家综合支持总量约束水平的美元等值数额变化，不过并没有对排序产生明显影响。

---

① 适用于阿根廷、巴西、哥伦比亚、哥斯达黎加、以色列、约旦、韩国、墨西哥、摩洛哥、巴布亚新几内亚、沙特阿拉伯、南非、塔吉克斯坦、泰国、突尼斯、委内瑞拉和越南。

在乌拉圭回合达成的发展中国家 10％而不再仅仅是 5％的微量许可水平，看起来为发展中国家非豁免性国内支持提供了更广的政策空间。举例来说，印度、中国、菲律宾和巴西通报的特定产品 AMS 均低于许可的水平（Orden 等，2011）。但是部分较发达的发展中成员某些国内支持措施的增加可能预示着这些国家即将用尽在这类措施上的政策空间（Montemayor，2014）。同时，对符合绿箱标准的政策，或者对发展中国家而言，符合相应标准的投资和农业投入品补贴现在还都没有限制。

在实践中，微量许可的上限对市场价格支持的使用可能起到很大限制作用。这是确定微量许可上限过程中使用的产品 AMS 的计算方法决定的。计算公式采用政府支持性管理价格和固定外部参考价（FERP），即 1986—1988 年的平均进口价格之间的差价，再乘以可以获得支持的产品的数量得到。需要把 WTO 计算市场价格支持的方法与经济概念的价格支持区别，后者指支持国内价格高于同期国际市场价格的措施，不但包括管理价格，还包括边境措施。贸易扭曲度用后者来评估会更科学。

根据 AoA 公式，在国际市场价格增长时，可以轻易地避免没有综合支持总量约束水平的国家（这里可称为微量许可国家）为支持国内价格乃至为给农民提供价格安全网而启动管理价格政策体系。如果全球价格充分增长，最终，使用综合支持总量约束水平的国家也会面对同样的约束效应，但是微量许可国家面对的约束要大得多。这是因为微量许可水平很低，只有生产总值的 10％（也就是说有综合支持总量约束水平的国家面对的约束水平在生产总值中的占比肯定高于微量许可占比）。另外一个原因则是微量许可的限制还针对每一个特定产品，而综合支持总量约束水平不是这样。

附件 1 还通过程式化模型对国际市场价格增长趋势下 AoA 公式的运行状况进行分析。尽管模型基于一些简化的假设，它依旧可以显示，在国际市场价格提高的形势下，微量许可国家利用管理价格工具的政策空间迅速被AoA 公式所侵蚀。分析得出的重要结论有：

- 在当前国际市场价格与 FERP 相等时，微量许可的发展中国家可以通过管理价格对一产品提供的经济概念的价格支持是 11.1％（中国更是只有 9.3％，因为它的微量许可水平更低）。如果是一个农产品进口国，可以通过提高关税来提供更高的价格支持，前提是它的约束税率允许这样做。
- 如果 FERP 在某一年高于国际市场价格，最大限度的经济概念的价格支持水平就有可能被突破，而如果 FERP 低于国际价格则支持水平肯定会减少。如果相对于 FERP，国际市场价格名义上大幅增长，一个微量许可国家提供经济概念的价格支持的可能性就大大降低了，甚至为零（附件 1 表 A1）。

● 一个微量许可国家可能发现它为了"安全网"目的而使用管理价格，即管理价格被设定在同期市场价格以下，其空间也会被限制。这取决于相对于 FERP 的国际市场价格情况。

WTO 规则下市场价格公式的影响在 AoA 最初以及 2001 年多哈回合谈判时并不明显，因为 1986—2003 年国际平均农产品名义价格没什么变化。在那之后，这个公式的限制性影响随着国际农产品名义价格大幅增长而越来越大（图 4 - 4）[①]。当然，国际农产品名义价格是否会继续增长还是未知数。但是，即使价格保持在现在水平，微量许可带来的限制作用对微量许可国家而言也是突出的。

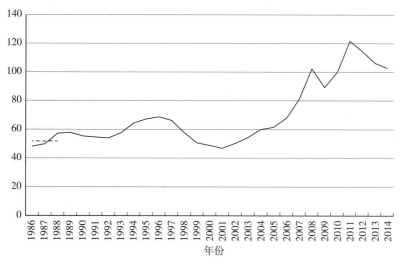

图 4 - 4　国际农产品价格指标趋势（美元，按 2010 年的水平设定为 100）

资料来源：世界银行全球经济监测数据库。虚线是计算国内支持市场价格支持内容的基期线。

部分研究者认为，这是 AoA 的确发挥了预期功效的证明。从全球贸易体系角度讲，任何国家的市场价格支持都会减少其他国家在国际市场的机会，增加国际市场价格波动。在非豁免性支持措施中，价格支持的贸易扭曲

---

① 　世界银行农产品价格指标的趋势只有在用美元计算一国市场价格支持时才可参考。

影响最大。从这个角度讲，WTO 规则即使没有杜绝也至少严格限制了微量许可国家对生产者提供的经济概念的价格支持，对建立更加稳定、繁荣，有利于促进全球粮食安全的国际贸易体制做出了贡献。从全球角度讲这是喜闻乐见的结果。

但是，研究人员也对现状提出两点异议。首先，现行规则不但严格限制了微量许可国家提供价格支持的可能，也限制了提供安全网水平管理价格的可能，即使后者设定在国际价格之下。尽管管理价格即使定在未扭曲的国际市场价格水平之下也会成为生产者的生产动力（因为会降低国内生产者价格大幅下跌风险），其产生的贸易扭曲性影响总归很小。尽管发达国家农民应对市场价格风险的能力比发展中国家农民强得多，安全网水平的管理价格在一些发达国家也继续被使用着。一个合理的观点是，作为风险管理工具，各国不应被禁止使用定在国际价格水平以下，以提供安全网为目的的干预性价格措施。而经济概念的价格支持才应该被禁止。

研究人员对现行规则提出的第二点异议是，它导致对发达国家和发展中国家实际上的不公平对待。从法律角度讲，差别对待存在于 AMS 被微量许可限制的国家和有综合支持总量约束水平的国家之间，而现实情况是，大部分发达国家有综合支持总量约束水平，而大部分发展中国家却受微量许可限制。所以，如果微量许可限制导致不公平待遇，承受者也是发展中国家。

有综合支持总量约束水平的国家可以向生产者提供更多价格支持，在价格支持方面比那些微量许可国家灵活得多，而且限量的数额经常也更大。这肯定不是因为这些国家客观上的确更需要市场价格支持，而仅仅是因为他们过去使用的 AMS 数量更多而已。可以使用综合支持总量约束水平的发达国家可能会强调自己只是用了可用 AMS 空间的一部分（图 4 - 2），但是，众所周知，WTO 的目的是设定成员可以做什么的限度，而这些发达国家不能保证今后不会将国内支持量提高到他们得到的最高限量水平。

要解决这种不公平可以减少那些享有综合支持总量约束水平的国家提供国内支持的范围。事实上，Rev. 4 中的提议就可以限制综合支持总量约束水平国家对农民提供价格支持的可能性，从而让农业协定这一支柱领域的竞争更加公平。无论怎样，是否应该考虑微量许可国家的利益而对市场价格支持规则做出调整的确是个重要问题，而如果要进行调整，还要考虑如何能将这种调整对其贸易伙伴的潜在负面影响降到最低。

4.4　多哈回合有关国内支持的提议

农业模式修正草案第 4 稿（Rev. 4）中有关国内支持最重要的规定是不享有综合支持总量约束水平的国家不一定要做出微量许可和扭曲贸易的国内支持总量（OTDS）的削减承诺。后者是个全新的规则，OTDS 指 AMS、微量许可和蓝箱支持的总和。因为绝大多数发展中国家扭曲贸易的支持措施都受到微量许可而不是综合支持总量约束水平限制，他们可以继续实施 10％以内的特定产品和 10％以内的非特定产品 AMS 支持，同时如果符合豁免条件，还享有投资和投入品补贴的豁免（但是中国不适用）。也就是说，根据 Rev. 4，不享有综合支持总量约束水平的发展中国家的国内支持措施政策空间是不会再减少的。

享有综合支持总量约束水平的国家中，只有实际用足规则给予限额的才会受到上述 AMS 削减影响，根据 Jales（2006）研究，在 2000 年时只有 3 个发展中国家（阿根廷、韩国和泰国）属于此列。但是，这些国家依旧会被要求削减 OTDS 基础水平的 36.67％。粮食净进口发展中国家（NFIDC）以及一些享有综合支持总量约束水平的新加入成员将免于削减。享用综合支持总量约束水平的国家还被要求削减 1/3 的微量许可水平。即使这些对他们当前支持水平尚未有即时影响，也会限制他们未来的政策空间。NFIDC 依旧可以免于削减，此外如果一国将几乎所有支持用于生计型或者资源贫乏的生产者，也可以免于削减。

Rev. 4 对归于绿箱从而自动免于削减的一般性服务措施也提出调整。这些改变体现在巴厘岛部长会通过的关于一般服务的决议中［WT/MIN (13) /37］，该决议明确，与土地改革和农村生计保障有关系的一般性服务属于附件 2 涵盖的一般性服务豁免范围。

巴厘岛部长级会议同时同意了关于为粮食安全目的进行的政府公共储备的决议，该决议在 2014 年 WTO 总理事会决议中被进一步更新（WTO，2014a）。决议确定，在一个最终的解决方案被同意和实施之前，WTO 成员不应通过 WTO 争端解决机构对发展中成员采取的，在巴厘岛决议时存在的，为了粮食安全目的进行政府公共储备时对传统主粮提供的支持提出申诉，指责其违反了 AoA 下的国内支持规则，前提是其符合巴厘岛决议规定的标准。修改后的决议还确定要在 2015 年期限前同意和实施一个最终的解决方案。在最终方案出台前，过渡期的规则将发挥作用。最终解决方案将只适用于发展中国家。

研究者提出了一系列最终解决方案（Díaz - Bonilla，2014b；Häberli，2014；Konandreas，2014；Matthews，2014a；Montemayor，2014），包括调整通胀通报，以及只要管理价格低于国际市场价格，就对使用管理价格为粮食安全目的进行的公共储备进行豁免，不计入一国 AMS。长期而言，用一个仅考虑管理价格和同期（近期）国际市场价格差价的、经济概念的价格支持来取代现行的 WTO 市场价格支持概念也许可以考虑。如前所述，有10%的微量许可限制，使用经济概念规范市场支持措施依旧可以有效将通过管理价格提供的价格支持的数量限于 11.1%（成员可以通过市场准入领域的提高关税的措施提供额外经济支持，前提是不超过其约束税率）。这与OECD 国家当前提供的实际经济保护水平更具可比性。比如，2011—2013年 OECD 国家 NPC 是 1.10（加权平均），表示 OECD 国家农民从总体上讲得到了比国际市场价格水平高 10%的价格（OECD，2014）。

如果能将上述市场价格支持的计算方法进一步用于享有综合支持总量约束水平的国家，则会对支持政策的分配产生更深远影响。在多哈回合的后期提出这样一个重大方案，可能令国家间的利益妥协和相互让步变得更加复杂。不过，在谈判进展缓慢的情况下提出一个新鲜的思路也可能打破僵局。

5 多边贸易规则和价格波动

发展中国家担心国际贸易规则限制其解决粮食安全问题的政策空间的第三个原因来自进口价格和数量的波动。AoA 出台的第一个十年，国际粮食价格相对较低，成员的关注主要集中在不可预计的国际市场低价和进口快速增加（激增）带来的问题上。发展中国家力申结束出口补贴（被认为对进口国进口价格和进口量波动都有直接影响），并要求享有特殊保障机制来应对价格和进口量波动。这是发展中国家在多哈回合谈判中的核心诉求。在 2008 年和 2011 年食品价格激增之后，成员关注重点转向在国际价格高企时如何保证来自主要出口国的国际供应不出问题，以及如何规范一些国家采取出口限制措施来减少价格增长对本国国内消费者影响的做法。

尽管随着农产品贸易自由化推进，全球农产品生产更直接契合国际价格变化（至少在发达国家），农产品价格波动却从没减少过（Sarris，2009）。国际价格波动反映了国际供应或者（以及）国际需求的变动。随着农业生产向更有风险和边缘的地区推进，随着宏观经济周期的回归，随着全球气候变化带来的极端天气比如旱灾和洪水的更频繁出现，农产品供应以及（或者）需求的波动未来可能更加频繁。但是，2008—2011 年价格波动证明，供应以及（或者）需求剧烈变化并不是导致价格和贸易量剧烈波动的唯一原因。国际供求剧烈变化、汇率波动（尤其是与美元或者其他贸易结算货币有关的波动）、能源市场波动的溢出效应（因为生物能源在农业生产中地位的增加而更加显著）、可能也"功不可没"的投机行为以及各国政府针对国际价格波动采取的政策措施都是导致 2008—2011 年国际价格剧烈波动的原因（Sarris，2009；Clapp，2011）。

在这众多造成价格波动的因素中，WTO 规则又起到什么作用呢？我们都理解，鼓励多数成员一起承担供应以及（或者）需求波动带来的影响可以减少价格对这种波动的反应的振幅。但是，各种不同发展水平的国家应对食品价格剧烈波动影响的能力是不同的。从需求角度讲，这是因为食品消费在低收入国家的总体消费结构中的占比要重要得多；从供应角度讲，这是因为一些国家农业人口比例大、风险管理和转移手段有限。因此，就需要给予部分国家采取贸易政策应对进口价格和数量波动的更大余地，前提是要遵守一定规则以限制其政策对其他贸易国的负面溢出效应。基于这一原则，本章将研究出口补贴、进口保障措施和出口限制的现状和问题。

5.1 出口补贴及其等效政策

AoA 的出口竞争支柱既规范对农产品贸易的直接出口补贴，又规范隐式出口补贴可能出现的领域：粮食援助、政府支持的出口信贷和国有贸易企业出口。

AoA 限制出口补贴的途径是同时限定农产品出口预算支出和受益出口数量。预算支出要在 1986—1990 基期水平上削减 36％，受益数量则要在 2000 年以前的 6 年实施期中削减 21％。发展中国家被允许用 10 年时间来达到承诺削减水平，同时各国承诺不采取任何新的出口补贴措施。

AoA 9.4 条允许发展中国家在一定条件下提供补贴减少农产品出口的市场营销以及国内运输和运杂费。这一条款适用于任何发展中国家，不论其有无出口补贴承诺。9.4 条仅在实施期内有效，也就是从 1995 年开始的 6 年，2000 年结束。1995 年香港部长级会议部长宣言同意，发展中国家在消除所有出口补贴的最终期限到来之后的 5 年可继续享有 9.4 条提供的优惠。需要注意的是，尽管部长宣言为 WTO 发展提供了"指引"，却并不正式增加或者减少成员在 WTO 下的义务。

AoA 认为官方支持出口信贷项目可能构成补贴，所以 WTO 成员被要求在 OECD 框架下针对这一问题制定规范。遗憾的是，OECD 谈判没能解决这个问题，所以出口信贷成为多哈回合农业谈判要解决的出口竞争支柱领域问题。

根据 Rev.4，出口补贴和其他对农业提供出口补贴性支持的可能会被逐步消除。按照分段削减规定，发展中国家要在 2013 年削减为零，其间对预算支出和受益数量的规则有所不同。2005 年香港部长宣言中包含了将 2013 年定为取消出口补贴最后期限的内容。发展中国家要在 2016 年全部削减为零，发展中国家符合 9.4 条的措施也要在 2021 年削减为零。多哈回合没能达成协议意味着这些期限不再作数，而且在未来达成的新协议里可能被改变。

巴厘岛部长会就出口竞争达成了一项旨在"对所有形式的出口补贴和与出口补贴等效的出口措施增加透明度和完善监管，以支持改革进程"的宣言[WT/MIN（13）/40]。宣言决定农业委员会每年就相关议题进行专门讨论以推进改革进程。部长们还承诺将出口补贴维持在明显低于成员出口补贴承诺以下的水平，并且重申他们在平行推进消除所有形式的出口补贴以及规范所有等效的出口措施方面的承诺。

事实上，从1995年开始，18个做出出口补贴削减承诺的国家实施的出口补贴的确明显减少，很多甚至已终结。从2001年多哈回合谈判启动起，其中9个国家已经通报不再使用出口补贴：澳大利亚、巴西、哥伦比亚、冰岛、印度尼西亚、墨西哥、新西兰、南非和乌拉圭。还在通报使用出口补贴的国家，其出口补贴产品也仅是根据其承诺可使用出口补贴的税号的很小一部分，而且数额远远小于根据承诺可以使用的数额[①]。尽管出口补贴的减少可能源自国际市场价格高企，但是也不能否认一些国家的确在做出削减出口补贴的努力。举例来说，2014年美国撤销了乳制品出口激励计划（DEIP）。挪威也停止了若干产品的出口补贴。2013年12月通过的欧盟共同农业政策改革强调出口补贴只能作为"特殊措施"使用。从保障粮食安全角度讲，这些做法都有突出的积极意义。但是，因为多哈回合谈判没能在这一领域成功达成协议，所以这些国家依旧有重新启动出口补贴，直至达到他们承诺的上限的权利和可能。

5.2 进口保障措施

5.2.1 农产品特殊保障措施

AoA中有一个特殊保障措施条款，允许在符合要求的情况下使用特殊保障措施（SSG）。SSG可以采取附加关税的方式实施，可以在进口量超过一定水平或者进口价格低于一定水平时自动触发。与一般保障措施不同，SSG不用证明国内产业受到严重损害。SSG只能用于关税化的产品——不足全部农产品的20%（根据税号划分）。但是SSG不能用于关税配

---

① 根据巴厘岛部长级会议有关进行年度监测的决议，近期出口补贴已经被WTO秘书处制成表格（WTO，2014b）。

额内进口产品，而且只有在一国政府的农业减让承诺中规定其有 SSG 使用资格时该国才能使用。为了保证透明度，使用 SSG 必须事先向 WTO 通报，或者在任何情况下，至少要在开始实施后 10 天内通报。因为实施 SSG 而令整体实施关税水平超过 AoA 关税减让承诺的基础水平的情况也可能存在。

最初 39 个 WTO 成员保留了使用 6 156 种农产品特殊保障措施的权利，其中 4 个后来加入欧盟（EU）并接受了欧盟有关保障措施的承诺。WTO 秘书处编制的最近期 SSG 数据显示，有 12 个成员通报在 1995—2004 年中的一年或者几年使用过，对于欧盟而言则是启动过 SSG 措施（WTO，2004）。根据 Hallaert（2005）的研究，尽管 WTO 成员经常忽略其通报义务，至 2005 年 5 月底，还是有大约 1 477 起 SSG 被通报使用。他注意到，AoA 早期 SSG 中有 90％以上是欧盟、日本和美国使用的，但到了 2000 年，发展中和转型期国家使用 SSG 的比例已经增加到 1/3 左右。

尽管看来 SSG 的使用并不多，Hallaert（2005）还是注意到 SSG 并不总是被当作必要暂时性保障措施使用。他记录了一些国家将 SSG 使用多年的案例。他还发现 SSG 经常被用来保护一些享受着高关税保护的敏感产品，甚至在一些案例中被用来保护根本没有进口的产品（所以根本不可能证明进口激增或者进口价格下降的存在）。

Rev. 4 意图在一段时间后消除 SSG 的使用。发达国家被要求从实施期第一天起就将可使用 SSG 的产品税号减至受规范的所有农产品税号的 1％，并且在实施期开始 7 年内取消所有 SSG。模式草案还特别规定，在这 7 年内任何产品税号上实施的全部关税都不能超过多哈回合前的约束关税税率。

对于发展中国家而言，可使用 SSG 产品占比也要在实施期第一天就减至 2.5％（弱小经济体 12 年中减至 5％）。模式草案更新了反映多哈回合谈判成果的关税税率变化，除此之外，有关 SSG 的条件和规则与 AoA 原有条件和规则没有什么差异。但是，对发展中国家，模式草案提供了另一种以 SSG 为蓝本又与其有所差别的特殊保障机制（SSM）作为替代。

5.2.2 农产品特殊保障机制

2004 年 6 月的框架协议明确指出"为发展中国家成员建立一个特殊的保障机制"。保障机制被设计来应对异常低价进口和进口激增带来的国内市场搅乱的负面影响。不过，各国对 SSM 的目标意义一直没有达成广泛共识，这使得如何设计 SSM 措施工具的讨论复杂化，并且最终没有成功达成合意，SSM 谈判的分歧甚至被指为 2008 年多哈回合谈判未成功的关键原因（Wolfe，2009）。有关 SSM 的最核心分歧是 SSM 设立的目的是为了应对多哈回合自由化进程带来的市场扰乱问题，还是用来应对更加广泛的市场扰乱问题。有关具体工具设计的分歧，包括涵盖产品、触发机制、救济措施和时间长短等其实都来源于此。

SSM 的支持者主张发展中国家需要 SSM，因为发展中国家的生产者很脆弱，尤其是低收入和资源贫乏的生产者，难以应对国际市场低价或者进口激增带来的市场价格骤降；这些生产者没有也无力获得发达国家农民享有的那些可选择的风险管理工具或者安全网工具，所以需要更加普遍的市场稳定机制。

美国和其他发达出口国［参见阿根廷、巴拉圭和乌拉圭意见（WTO，2006）］提出了另一种主张，坚持 SSM 只能是一种贸易政策工具、一种特殊措施，只有在自由化过程中出现的特殊例外情形下才能使用。它不能被认为允许发展中国家"单方面修改承诺表而不用提供任何补偿"。根据这种主张，新的保障机制的目标应该是通过提供在严格限定的条件下暂时停止关税减让的可能性来支持更具野心的市场开放目标。支持这个更加"狭窄"的 SSM 界定的国家希望将其限定于主粮产品，对粮食安全必不可少的产品或者关税水平低的产品，从而推进整个自由化进程。

有关 SSM 的争论主要围绕 3 个问题展开：可实施的产品、启动 SSM 的前提条件及 SSM 可以使用的救济措施。SSM 主要衍生于 SSG，SSG 在上文已经介绍过，有两个触发因素：一是基于进口价格，二是基于进口数量。就 SSM 谈判已有不少公开研究资料发表（Montemayor，2010；Wolfe，2009；WTO，2011）。本文中将重点总结 2008 年 12 月 Rev.4 中体现的 SSM 当前情况（WTO，2008b），同时，还会研究主席分发传阅的单独文件，文件内容是主席对有关 SSM 救济措施是否可超出多哈回合前约束税率水平这一问题的谈判进展所做的分析（WTO，2008a）。这两份文件都没有得到WTO 所有成员正式认可，后来的进展也表明成员没有就其中任何一个达成协议。农业主席 2011 年 4 月的报告证实，尽管成员展开了密集的技术磋商和分析讨论，依旧没能达成各方妥协认可的文本供谈判使用（WTO，2011）。

Rev. 4 允许成员在一农产品进口总量超过特定触发水平，或者来自某一进口来源的进口价格低于价格触发水平时实施特别的附加税。基于价格的 SSM 使用来自所有来源的进口价格的三年移动平均作为参考价格。当一批货物的价格低于参考价格的 85％时，可以通过收税来减少差价的 85％。模式还做出了市场测试或者交叉比对的规定：当 SSM 涉及的进口产品当年进口量明显下降时，或者进口产品占比小到无法影响国内市场价格可以忽略时，发展中国家一般不应该使用 SSM 价格触发。

基于进口量的 SSM 在年度进口量超过"基础进口量"——过去三年进口量的滚动平均时触发。这样的数量触发保障机制只能实施两年，而且如果连续使用两次，则其后两年不能再使用。如果使用了保障机制后令进口量低于使用之前的水平，触发水平将不会随之减少，这是为避免使用附加关税导致触发水平下降的可能性。在任何年度，成员每个税号只能使用价格触发和数量触发当中的一个。

Rev. 4 规定的数量触发和救济机制如下：

- 在任何年份当进口量超过基础进口量 110％而未达到 115％时，可以在产品实施税率上加征最大附加关税为同期约束税率的 25％或者 25 个百分点，取其中较高者为限。
- 当进口量超过基础进口量的 115％而未达到 135％时，可以在产品实施税率上加征最大附加关税为同期约束税率的 40％或者 40 个百分点，取其中较高者为限。
- 当进口量超过基础进口量的 135％时，可以在产品实施税率上加征最大附加关税为同期约束税率的 50％或者 50 个百分点，取其中较高者为限。

与之前的模式草案不同，Rev. 4 没有限定一般 SSM 可以适用的产品税号。SSM 最大的灵活性在于只要满足触发条件，就允许发展中国家将实施税率（包括 SSM 救济的部分）提高到多哈回合后的约束水平以上。而且，这种安排也可以让那些约束和实施税率间一直存在巨大差距的国家对多哈回合模式实施感到安心。在此之前这些国家很少会需要 SSM，因为它们可以直接将实施税率提高直到约束水平。

但是，SSM 谈判最关键的矛盾在于成员是否可以通过数量触发 SSM 将关税提高到多哈回合之前的水平，如果可以，需要满足什么条件。模式草案规定，实施税率加上保障措施提供的救济之和不得超过多哈回合之前的约束税率，但是在 SSM 数量触发这里，有三类国家却可以例外：最不发达国家、SVE 和其他处于特定情况的发展中国家。对于最不发达国家来说，SSM 提供的救济超过多哈回合前约束税率的最大限度为不超过 40 个百分点的从价税或者同期约束税率的 40%，以其中更高者为限。对 SVE 来说，该文本（用方括号括起，表示没有达成协议）规定，SSM 提供的救济超过多哈回合前约束税率的最大限度为不超过 20 个百分点的从价税或者同期约束税率的 20%，以其中更高者为限，但是在给定时期内适用税号最多不超过 10~15（用方括号）。对其他发展中国家，能够超过多哈回合前税率的上限是 15 个百分点或者初始约束税率的 15%，只能用于 2~6 个 6位税号。

2008 年 12 月，主席有关可以令实施税率超过多哈回合前水平的数量触发 SSM 的提议与上述有很大不同（WTO，2008b）[①]。

- 在任何年份当进口超过基础进口量的 120% 但未达到 140% 时，附加关税最大量不应超过同期约束税率的 1/3，或者 8 个百分点，以其中更高者为限。
- 进口量超过 140% 时，附加关税最大量不得超过同期约束税率的一半，或者 12 个百分点，以其中更高者为限。

在任何连续的 12 个月内，超过多哈回合之前约束税率的 SSM 救济的适用产品不得超过全部税号的 2.5%。

与草案模式相比，对不是不发达国家和 SVE 的发展中国家而言，被允许超过多哈回合前约束税率幅度的计算方法会不同（对约束税率更高的国家而言，灵活性更大，而对约束税率低的国家而言，灵活性有一点减少），文件中还设有另一个触发门槛，但是可以突破多哈回合前约束水平的产品的数量还是增加了（从 2~6 增加到所有税号的 2.5%）。

SSM 旨在保护发展中国家应对进口激增导致的国内市场扰乱。近年关于进口激增带来的问题一直是研究的密集区（Sharma，2005）。尽管

---

① 这些提议基于拉米 2008 年 7 月 25 日提出的一揽子提议和 G-33 集团 2008 年 7 月 27 日的回复。拉米的一揽子提议允许在进口量超过前 3 年滚动平均数 40% 时，实施超过多哈回合前约束税率的数量触发保障关税。发展中国家可以实施 15 个百分点或者同期约束税率 15% 的救济，以其中高者为限，适用产品不超过税号的 2.5%。G-33 集团提议在进口量超过前 3 年滚动平均数 10% 就可以实施超过约束税率的保障关税。发展中国家可以实施 30 个百分点或者约束税率 30% 的保障关税，以其中高者为限，适用产品不超过税号的 7%。WTO（2011）有相关讨论的记录。

关于如何定义进口激增存在异议，有一点在数据现象上是明确的，就是进口激增真的很频繁（Matthews，2012）。尽管数据显示进口激增数量增加，进口激增在发展中国家是经常出现的情况，却不能显示进口激增的影响。进口激增没有固定的"好"或者"坏"的定性。进口增长对发展中国家不一定是不好的，因为可以增加粮食供应，帮助解决饥饿问题。一般认为一种产品的进口激增会扰乱进口国国内的市场、打压价格，从而对依靠该产品为生的生产者的生计产生负面影响。De Nigris（2005）研究了进口激增和人均产量的相互关系。他找到了很多负相关的案例，证明进口和国内生产间存在逆相关，说明需要进口来弥补生产不足。但他也发现一些产品进口和生产存在正相关性，进口和国内生产同时增长，可能源自经济发展带来的国内需求增长。Sharma（2005）也曾发现国内价格持续增加时出现进口激增的情况，并总结这是因为前期国内产量不足吸引了进口量增加，而不是大量进口造成国内产量下降。所以进口增加对粮食安全的影响需要深入分析，才能做出适当的政策回应。事实是，国际贸易让各国可以在国内产量波动时利用国际市场供应，从而在减少价格风险方面起到重要作用。

模型模拟证实一些情况下 SSM 可能带来负面影响。Finger（2010）认为提议的 SSM 模式对政策没有很好的指引作用，因为它可能让一国在不需要的时候启动相关措施而在需要的时候不作为。Hertel 等（2010）使用国际小麦市场随机模型来研究 SSM 在稳定国内市场方面的作用。他们发现不论是数量还是价格触发的机制都可能令国内生产者价格更不稳定（在国内产量不足而价格高企时限制进口）。不过，要注意的是，这两个研究都假设一个国家会在任何达到启动条件的时候启动 SSM，这一点被 SSM 支持者强烈质疑。支持者指出，那些原则上可以使用现有保障措施的发展中国家实际使用这些措施很有限，这证明实际上使用这些保障措施的可能性要远远小于研究中引用的数据结果[①]。Grant 和 Meilke（2006）使用国际小麦市场净贸易随机模型研究，得出的结论是，允许发展中国家使用 SSM 的福利成本与关税自由化收获相比从整体上讲是小的。现在的难点是，SSM 当前在措施使用时间和频率方面留有很大不确定性，让出口国总往最坏的地方想。

---

① Hertel 等（2010）分析发展中国家放弃使用他们可用的农产品保障措施的部分原因。

De Gorter 等（2009）利用 1998—2003 年贸易数据研究了 4 个发展中国家（印度、中国、韩国、印度尼西亚），依据 2008 年 12 月模式草案中 SSM 价格触发和数量触发会发生的情况，他们在价格触发中使用双边单位价值取代每批次统计的贸易数据。价格触发的措施可能在全部双边贸易产品税号的 25%～33% 被触发，总共有 8.6% 的贸易额可能被影响。对于印度和印度尼西亚平均的 SSM 措施水平为 13% 的附加关税（如果在几个税号上突破多哈回合前约束水平，则为 15%～17%）。中国和韩国则更低，只相当于 2%～6%，如果突破约束水平则为 6%～10%。数量触发的保障措施可能涉及更大比例的贸易量（4 倍以上或者总进口的 40% 以上），如果一些产品可以突破约束水平，平均措施水平为 11%～19% 的附加税[①]。

他们发现数量触发和价格触发对发展中国家向措施实施国出口的影响大于发达国家。因为按每一批进口计算的价格触发 SSM 会对价格较低的产品加征更高税，而这些产品很可能来自发展中国家。基于相同角度，Finger（2010）计算得出，在某一年度，不论国内价格趋势怎样，来自某些特定国家产品的单位价值要低于该产品整体月度单位价值，从而触发 59% 的农产品税号的 SSM。

尽管 SSM 的建立出于稳定国内市场，保护贫穷和脆弱生产者的目的，它未对面对价格波动冲击且缺少应对能力的那些出口农产品生产者提出支持。事实上，对生产出口产品的生产者它可能带来负面影响。如果大量发展中国家都用 SSM 来应对国际市场价格低迷，国际市场价格波动可能会更加剧烈，出口产品生产者可能遭遇更大困难（Hertel 等，2010）。这暗示 SSM 使用应该被认真设计和限制。这不仅是因为在有关特殊和差别待遇（SDT）问题上，只有在贸易扭曲影响不大时，对 WTO 一般规则的重大豁免安排才可能被成员接受；还因为所有成员都关注价格波动，但明显不是所有成员都能在这个问题上把自己隔离起来。当国际市场价格低迷，大量成员都使用某个可以广泛适用的措施时，该措施的效果就可能被侵蚀。

---

① 本节引用的平均救济水平是简单平均。加权平均数在价格触发方面可能低些，但在数量触发方面会高不少，Hertel 等（2010）的国际小麦市场 SSM 模型模拟还显示数量触发的保障措施在数量级上对世界贸易的影响要到与价格触发的保障措施。

5.2.3　政策空间和进口保障措施

关于发展中国家使用进口保障措施的政策空间的争论一直是多哈回合谈判的重点议题。AoA 中的 SSG 机制对发展中国家来说作用有限，因为它仅对边境措施实现关税化的产品才适用，还要以使用国承诺中保留使用权作为前提。只有 23 个发展中国家有权使用 SSG，大多数发展中国家没有使用"关税化"，所以不可能在现行 AoA 机制下使用这种自动保障措施[①]。

因此，使用自动保障措施机制已成为发展中国家在多哈回合谈判中的主要诉求。这一诉求得到 2004 年框架协议的认可，并且在逐步构建一个新的特别保障措施机制方面也有不少进展，但是，最终这一议题的谈判没能成功[②]。

关于 SSM 的争论体现了维护部分国家政策空间与维护另一些国家不受贸易流扰乱影响两个目标之间的紧张关系。按批次实施价格触发的保障机制可能让出口单位价值较低产品的发展中出口国受到突出影响。模型模拟证明了如果 SSM 在任何符合启动条件的情况下都被充分、持续实施，可能带来的潜在贸易影响的范围。发展中国家表示他们只会在符合条件的一部分而绝非全部情况下使用 SSM。对进口激增的研究证明，在多数情况下，进口的目的是满足进口国国内产量不足或者满足不断增长的国内需求，所以不会造成市场扰乱。如果 SSM 被允许广泛运用，而众多发展中国家同时使用该机制，则可能让本来的国际市场价格波动进一步剧烈，从而侵蚀保障机制追求的稳定价格的作用。从这个角度讲，对 SSM 的使用限制要加以规定，一个可供考虑的方法是在起始阶段制定较宽的适用面并在之后逐步收紧适用条件和

[①]　有权使用 SSG 的发展中国家或地区（括号中是可以适用的产品数）包括巴巴多斯（37），博茨瓦纳（161），哥伦比亚（56），哥斯达黎加（87），厄瓜多尔（7），萨尔瓦多（84），危地马拉（107），印度尼西亚（13），以色列（41）*，韩国（111）*，马来西亚（72），摩洛哥（374），纳米比亚（166），尼加拉瓜（21），巴拿马（6），菲律宾（118），南非（166），斯威士兰（166），中国台湾省（84）*，泰国（52），突尼斯（32），乌拉圭（2），委内瑞拉（76）。注意：有星号的从社会经济角度被认为是发达国家或地区，参见第一章。

来源：https：//www.wto.org/english/tratop _ e/agric _ e/negs _ bkgrnd11 _ ssg _ e.htm，2015 年 6 月 21 日。

[②]　事实上，WTO 秘书处的农业谈判非正式官方指南指出谈判失败的不是 SSM 本身，而是附加关税能否令实施税率超过多哈回合之前水平这一问题，https：//www.wto.org/english/tratop _ e/agric _ e/guide _ agric _ safeg _ e.htm，2015 年 6 月 21 日。

范围。

2008 年多哈回合谈判未能成功，但之后国际市场价格相对较高，从而减少了对进口保障措施机制的需求。一旦国际价格下跌，有关发展中国家使用保障机制范围的问题就会重新凸显[①]。在这方面，如果谈判能尽快得出结果是很有意义的。另一方面，大部分发展中国家在市场准入领域都有较大未使用的政策空间（参见 3.3.1），他们的实施税率经常比约束税率低不少。这的确能给此类发展中国家通过提高实施税率保护相关国内产业和保证粮食安全的空间。

5.3 出口限制

在 2007—2012 年价格高涨的时候，大部分注意力都被国际市场价格波动对发展中国家粮食安全影响所吸引，而进口激增没那么受关注。该时期，许多国家采取贸易和国内政策稳定国内市场和保护城市消费者利益（Abbott，2009）。几个主要粮食出口国，尤其是发展中经济体采取了出口禁令或者至少是部分出口限制措施，其目的是降低国内消费者价格。作为回应，一些主要进口国提出了高于预期的进口出价，减少既有的（比如关税等）进口限制，并扩大产品配额。

在 SSM 有关章节里已经讨论论过，使用贸易措施将自身市场与国际市场价格波动隔离的做法仅可以转移产品生产和贸易风险。如果众多国家都选择转嫁价格风险，结果就可能是无效的（Martin 和 Anderson，2012）。如果大出口国或者总量在市场中占比较大的几个国家采取出口限制措施，就会提高国际市场主粮价格。这就能减轻国内市场价格下降的影响。如果除此之外进口国还降低了粮食进口关税以减少对消费者的不利影响，最初波动导致的国际价格增长和出口国的出口限制的影响就会更加复杂。因此，出口国和进口国消除国内市场价格增长影响的措施可能弄巧成拙。如果所有国家都采取这样的政策，尽管那些对自己保护力度更大的国家可能会减少价格波动，而那些力度较弱的国家波动会更大，从平均角度讲，措施应对冲击稳定国内价

---

① 发展中国家可以利用 GATT 1994 第 19 条和保障措施协议有关一般保障措施使用的规则，这些规则允许使用进口数量限制和提高关税到约束税率以上的方式应对进口增长给国内产业带来的严重损害或者威胁。与 SSG 和 SSM 不同，一般保障措施不考虑进口价格下降作为触发。进口国有证明损害的义务，所以发展中国家很少使用一般保障措施。

格的效果很难实现。

Anderson 和 Nelgen（2012）比较了若干发展中国家和高收入国家 1955—1984 年和 1985—2004 年（也就是在 20 世纪 80 年代中期许多国家开始重大经济政策改革之前和之后），国内价格和边境价格间的可变性。在发展中国家，亚洲国家所占比率是 2/3 到 4/5，与拉美接近，与非洲比则是接近或者略高。亚洲发展中国家的干预措施在应对国际市场波动方面有一定作用。亚洲大米生产和消费国有漫长而成功的利用边境措施稳定国内价格的经验（Timmer，2010）。相比而言，非洲的干预政策可能还会影响国内市场稳定。总体而言，他们认为，在面对国际市场价格波动时，市场干预政策稳定本国国内市场价格的效果不大（Anderson 和 Nelgen，2012）。

在 2008—2009 年食品价格激增中出口限制是最重要原因之一。2008—2010 年，食品贸易总量的 9%（使用 125 个国家 4 位税目月度数据计算）被实施了出口限制。如果只考虑主粮产品，占比达到平均 22%（Giordani 等，2012）。他们估计，平均而言，出口限制对贸易量的覆盖提高 1% 就会令国际食品价格提高 1.1%。国际食品政策研究所（IFPRI）研究发现，2008 年前 6 个月价格增长的 30% 来源于出口限制（Von Grebmer，2011）。Yu 等（2011）发现各国不同的贸易政策反应对农产品价格产生了多种影响。他们的模拟结果显示，贸易政策扭曲作用对整体国际价格影响幅度最大的是大米（24%）、小麦（14%）和大麦（9%）。贫穷的缺粮国（地区）操控政策的能力有限，遭遇的粮食价格增长高于采取干预措施的主要贸易国。是净进口国而没有实施贸易政策干预的发展中国家受到严重利益损失，而损失来自其他主要贸易国的干预措施。Anderson 和 Martin（2011）最初计算出 2008 年大米价格增量的 45% 和小麦价格增量的 30% 源于贸易措施，随后利用类似的简化模型得出的更加仔细的结果是 40% 的大米价格增量，19% 的小麦价格增量和 10% 的玉米价格增量来源于贸易政策（Anderson 和 Nelgen，2012）。近期，使用可纳入反馈效应的可计算一般均衡模型计算的结果是，大米价格增量的 30%、小麦的 7% 和玉米的 11% 来自贸易限制措施（Jensen 和 Anderson，2014）。

近期研究力图分析出口限制对贫困总量（作为粮食安全的替代指标）的影响。近期来说，如果国内大部分贫困人口是粮食净消费者，出口国的出口限制措施会缓解这些人口的贫困问题。但是因为出口限制导致国际市场价格增长给其他国家带来的贫困人口变化也应该计算在内。一项研究表明，如果不考虑对国际价格影响，出口限制可以减少 8 100 万贫困人口，但计入对全球价格和其他国家贫困人口的影响后，则令世界范围的贫困人口增长了 800 万（Anderson 等，2014）。这只是短期结果，没有考虑农民产量调整和农村收入的变化。

更高的食品价格可能激励生产者生产该产品的积极性，从净消费者变为净生产者，并从更高的价格获益。更高的食品价格还可能增加对农村劳动力的需求并提高农村劳动报酬，从而减少价格增长对那些农村劳动力市场上的人群的致贫影响。因此，一些研究者认为更高的食品价格在短期内会增加除了农业资源优异的国家之外其他国家的贫困人口，但是从长期讲会有利于减少贫困（Ivanic 和 Martin，2014）。但是这些长期动力与出口限制所要应对的短期价格激增联系有限。

有证据证明出口限制措施有扩散性和乘数效应。在周边其他国家都采取了限制措施之后，一国采取限制措施的可能性就会随之增长（Giordani 等，2012）。所以对出口限制进行更严格的规范不但可以直接增强进口国对国际市场可靠性的信心，也有利于控制其实施频率。出口数量限制，包括农产品出口数量限制，被 GATT 所禁止，但是协议中的例外条款令其难以清晰解读从而影响了实施，而出口税是不被禁止的。所以一国以减轻关键食品短缺为目的实施出口限制措施是比较容易的（Mitra 和 Josling，2009）。

Rev. 4 对出口限制的约束是比较严的，现行食品和饲料的出口禁令和限制必须在预期达成的多哈回合协议实施期第一年年末取消。新的出口禁令和限制一般不能超过 12 个月，只有在和受影响进口国达成合意时才能超过 18 个月。实施出口限制的出口国被要求承担更大的义务，要与受影响的进口国协商，还要提供采取措施的理由，而农业委员会的监督职责也被加强。协商的义务不适用于最不发达国家和粮食净进口的发展中国家。

一些研究者就在 WTO 体系内对出口限制措施制定约束规则的作用提出质疑，认为在价格激增的时候相关程序会显得过于缓慢无法奏效。而相反的观点则认为，透明度和协商要求可以成为一种限制手段，对出口禁令和限制进行规范很有必要，只有这样才能避免贸易体系因出现重返自给自足战略的退化而遭到质疑。Mitra 和 Josling（2009）研究了这一领域的众多意见（Anania，2013），出口数量限制政策关税化和限制出口税因为与进口关税政策相协调而具有一定吸引力，但是这样做可能导致出口限制措施合法化并被更频繁运用。他们还注意到，为了价格稳定目的而实施的出口限制措施只在价格激增时偶尔被运用，与偶尔发生的针对价格暴跌的保护措施有相似之处。基于进口保障措施相关规则来制定出口限制措施规则也是一个思考方向。因为越多国家使用出口限制，其措施效果就越不可能实现，所以也许应该由发达出口国和更具竞争力的发展中出口国来引领出口限制措施规则的合理制定。

6 结　论

　　WTO《农业协定》经常被批评没有充分考虑发展中国家以提高粮食安全为目的的政策需求。本报告研究了在多大程度上现行和拟议的规则限制了发展中国家实现粮食安全目标的政策空间。报告的主要任务是评估 AoA 规则是否真的阻碍了发展中国家采取其认为合适的粮食安全政策工具。报告研究了 AoA 规则推动贸易以利于解决粮食安全问题的方式，同时也提出，一些规则的缺失，以及规则不完善、不恰当会影响贸易相关作用的发挥。

　　政策空间指各国使用相应政策或者进行预算支出而不受 AoA 规则限制的余地有多大。本报告始终强调贸易规则的初衷是规范任何国家采取的可能对发展中国家生产贸易产生负面影响，从而影响其粮食安全的贸易扭曲性政策。AoA 规则对发展中国家的部分政策空间加以约束，是为保证运转良好而可靠的世界市场，让各国受益的集体协议的一部分。本报告梳理了这些约束规则并提出在其中某些领域，也许应该对规则进行调整。报告强调发达国家削减对农民提供的贸易扭曲性支持措施的进程有利于发展中国家提高自身粮食安全，但也提出，在国内支持上扩大发展中国家的政策空间可能导致发展中国家自身贸易扭曲性措施的增长。

　　对于更多政策空间对发展中国家保证粮食安全是否有益和必须，本报告持不可知论观点。关于如何更好保证和提高某部分人口的粮食安全的争论是非常重要的，但是本报告的确没有涉及。本报告评估发展中国家政策空间时还参考了发达国家政策空间，并将发展中国家和不发达国家应比发达国家承担较少义务而享有更大政策空间的特殊差别待遇原则考虑在内。

　　报告研究了 AoA 对粮食安全的影响和发展中国家在进口保护、国内支持和应对国际市场价格波动能力方面的政策空间。

　　在进口保护方面，发展中国家在多哈回合中一个核心目标是减少发达国家对农产品的保护。发达国家农产品平均实施关税在 AoA 出台后有所下降，对发展中国家粮食安全是有益的，尽管，如果能够制定更高的目标、加快削减速度，对粮食安全保障将更加有利。

市场准入支柱的政策空间在报告中限于 WTO 成员承诺不超越的约束税率。发展中国家农产品平均约束税率差异很大，反映了他们基期约束税率水平的差别，他们确定非约束关税产品关税封顶上限时的决定以及他们加入 WTO 的时间。大部分但不是所有发展中国家都拥有较高的约束税率。如果将发展中国家平均约束税率与平均实施税率相比较，就会发现，大部分但绝不是全部发展中国家在这方面有较大未使用政策空间。即使从税目看，分析选定的潜在特殊产品税率约束和关税水分的研究也发现只有少数呈负、零或者极小（<20%）关税水分（Bernabe, 2008）。高约束税率和高实施税率产生的悖论在于出口国，包括发展中国家出口国，发现越来越难以利用农产品出口提高粮食安全水平、生活水平和促进农村发展。

AoA 签订后，发达国家还削减了贸易扭曲性国内支持的数量，这对发展中国家粮食安全也是有利的。有些国内支持削减带有"做样子"的性质（比如放弃使用管理价格，减少对农民的经济概念的支持，但依旧维持高关税保护措施）；也有些贸易扭曲性支持措施被属于绿箱政策的预算支持措施取代（被称为"换箱"）。尽管"换箱"做法的确存在，一些被归为绿箱政策的措施带来的生产贸易影响也不是那么"小"，它们的总体贸易扭曲影响还是比那些被取代的市场支持措施小得多。但是，根据《2014 年美国农业法》，在价格下跌时美国却有可能启动大规模的贸易扭曲性支持措施，这肯定是相当令人担忧的。

AoA 有关国内支持部分对发展中国家最重要的优待是针对规则和限制提供了一系列政策豁免，而这些政策对发展中国家提高粮食安全水平可能很重要。这些政策包括绿箱政策、"发展箱"政策和其他 AMS 上限以内的贸易扭曲性政策。对大多数发展中国家而言，他们的一些贸易扭曲性支持政策受承诺的微量许可的限制。大部分发展中国家通报此类支持的数量为零或者极少。但是，几个新兴经济体的相关支持措施却有所增长，尤其是通过管理价格手段。因为 AoA 计算通过管理价格实施的市场价格支持水平的公式自身特点，在国际市场价格水平已经明显超过 20 世纪 80 年代中期这一基期水平时，发展中国家的政策空间被明显限制。即使他们使用的管理价格低于同期国际市场价格水平，未对生产者提供经济概念上的支持，很多发展中国家依旧可能突破他们的国内支持承诺。在证明 AoA 现行规则在限制国内政策的溢出效应扭曲贸易，包括来自发展中国家的贸易的同时，报告也提出，重新考虑这一领域的 WTO 规则具有经济性和公正性的双重意义。

第三部分研究了 AoA 规则对价格波动和发展中国家应对能力的影响。在过去，一些发达国家的出口补贴是加剧国际市场波动的重要原因。AoA 签署后出口补贴明显削减，尽管也有国际市场价格高企的原因，对发展中国家粮食安全还是有较大贡献的。

只有很少一部分发展中国家有权使用自动的保障机制。发展中国家因此在多哈回合寻求为应对进口激增和国际市场价格低迷而使用保障措施的更大灵活性。尽管为发展中国家提供特殊的保障机制的原则已经被认可，有关适用产品、适用条件和救济方式的争论却没有结果。因为稳定一国国内价格的结果可能导致其他国家价格更不稳定，这一机制的使用需要仔细设定界限，否则其效果可能被侵蚀。同时，许多发展中国家有大量未用政策空间，具体体现为关税水分，这表示此类国家尚有余地通过调整实施税率来保护国内产业，维护粮食安全。

在出口限制方面，报告也做出类似分析。当前对主粮出口限制的规范比较松，而对出口税没有限制。发展中出口国在这一领域很少受到 AoA 约束，但是，对发展中进口国而言，他们只能被动接受出口国的出口限制，正如 2008 年和 2011 年食品价格飞涨时那样，缺少针对出口国任意出口限制的保护措施会严重影响进口国粮食安全。从这个角度讲，约束出口限制措施的空间对发展中国家至关重要。缺少对食品出口限制的规则是乌拉圭回合谈判的未竟问题之一，而强化这一领域规则应该是 WTO 成员的重要努力方向。

约束发展中国家在这 3 个领域的政策空间的重点因时机而改变。2001 年多哈回合启动之初，各国关注的重点是维持关税保护，特别是对粮食安全、生计安全和农村发展有重要意义的农产品的保护，同时也是针对进口激增和异常低迷的国际市场价格的选择。2006 年以后国际市场价格明显提高，价格波动的方式体现为不时的国际价格飙升。国际市场价格形势的改变对 WTO 谈判中粮食安全关注的体现方式有重大影响。本报告也重点分析了其中两点。

首先，随着国际价格的提高，对维持高关税保护水平、支持国内生产的关注降低了。另一方面，因为 2006 年后国际食品价格（名义价格）翻番（图 4 - 4），多哈回合授权谈判时关注不多的国内支持成为比预期更加复杂的议题。2013 年 WTO 成员努力在巴厘岛部长级会议上达成一个"迷你一揽子协议"时，国内支持问题得到的关注最大（G - 33 集团提出的在所有规范中豁免为粮食安全目的使用管理价格购买公共粮食储备的措施是突出表现）。

其次，2006—2007 年价格飙升，随后因出口国大量采取出口限制措施而更加严峻，凸显了食品净进口国的脆弱和现行 AoA 规则在这一领域的不完善。因此，一些 WTO 成员主张对出口限制措施的管理要比价格飙升之前讨论的 Rev. 4 中既有的标准更加严格。

最后，对政策空间的限制只有实施才会生效，而生效要先经过成员通报。因此，WTO 成员在及时提交通报方面差强人意的表现会影响其他国家对其的监督。秘书处每 3 个月会编纂农业委员会有关农业通报（文件号 G/AG/GEN/86）的情况。2015 年的文件涵盖 1995—2013 年情况，一共有 1 586 个未及时提交的通报，占应通报总数的 26%。因为通报的缺失，根本无法准确评估 AoA 规则对发展中国家的约束水平和有益性。

附件 1　国际价格上升时的微量许可限制

WTO《农业协定》的规则为发展中国家农业发展、农村发展和粮食安全目标实现提供了大量余地。Brink（2015）分析，这一政策空间包括被豁免的支持措施和微量许可 AMS 支持措施，也就是，因为在微量许可范围以内而不计入一国当前综合支持总量的非豁免性支持。

但是，在使用管理价格提供市场价格支持方面，情况却不是这样。下文协议规则解释的逻辑在于，在国际市场价格上升时，没有设定综合支持总量约束水平的国家（微量许可国家）会发现自己无法对农民提供经济概念的价格支持。提供经济概念的价格支持指提供高于同期国际市场价格等价的管理价格。同时，即使其管理价格远低于国际市场价格，微量许可国家可能也无法操作使用提供"安全网"的地板价格（托底价格）。出现这种情况的原因在于，在 AoA 计算一国 AMS 时，市场价格支持水平计算公式使用的外部固定参考价格以 1986—1988 年为基期被固定。

微量许可限制的操作：案例

为了清晰阐述这个问题，我们使用一个特定产品 AMS 的案例。记住微量许可国家不但要遵守特定产品 AMS 微量许可，还要遵守非特定产品的。从概念上讲，只有预算支出属于后者，而所有价格支持都应该计入特定产品 AMS。所以我们将案例限于特定产品 AMS，并假设，符合一定普遍性的，市场价格支持是该特定产品 AMS 的唯一构成内容。

我们假设一个发展中国家使用管理价格支持他的农民。假设在基期年度，国际市场价格与该国固定外部参考价格（FERP）及 1986—1988 年进口价格是等价的。

我们还假设这个管理价格设定的水平刚好用尽该国该产品的微量许可，也就是说，该国非常精确地用尽了政策空间。我们剔除交易成本和市场缺陷，假设国内市场价格反映了管理价格（另一个可行的假设是该国政府利用积极的关税政策，关税设定使国内价格被更高的征税后进口价格而不是管理价格决定）。因为微量许可限度由产品产值决定，而产值包含了支持措施的影响，所以，10％的微量许可允许管理价格被设定在超过国际市场价格

11.11％的水平。这同样是该国在 AoA 规则下通过管理价格向生产者提供经济概念的价格支持的最大比率。

但是，当国际市场价格高于 FERP 时，这个微量许可国家就很难维持这样的价格支持量了。即使因为国际价格增长带动国内价格增长从而提高了微量许可上限（因为 10％ 的微量许可的上限基于产品的总产值计算，也就是价格×产量），这种情况依旧不变。为了进一步简化案例，我们假设该产品的国内产量没有增加。

我们现在来分析如果国际价格年增长 5％，那么该国通过管理价格提供价格支持的能力会有怎样的变化，见表 A1。

如果该国想通过将管理价格提高 5％ 来维持价格支持的从价（百分比）比率水平，就需要把管理价格提高到 93.3 美元/吨。产品国内总产值（假设产量不变）随之提高到 93 324 美元，而 10％ 的微量许可上限提高到 9 332 美元（参见表 A1 第 2a 行）。但是，按 AoA 公式计算，该国该产品的 AMS 在这种情景下将提高到 13 324 美元。这样，该国肯定会突破上限承诺。为了不突破上限，该国只能放弃提高管理价格，也就无法继续维持经济概念的价格支持水平。

事实上，我们发现，当一国达到微量许可上限（也就是极精确地用足政策空间）后，国际市场价格的任何增长都会令该国经济概念的价格支持水平相应下降，因为管理价格（及基于管理价格的国内市场价格）必须保持不变（参见表 A1 第 2、第 3 行）。当国际价格持续提高时，意味着该国可能提供的价格支持的最高限量会被减少。在案例中，第二年经济概念的支持水平不得不减少到 5.8％，第三年减少到 0.8％。该国政策空间的大幅缩减就是因为使用 FERP 来计算该国该产品 AMS，而国际市场价格高出固定外部参考价格造成的。

总有人认为微量许可对政策空间的限制没有那么大，因为它会随产品产值的增加而增加。但是，在这个案例里，这种乐观的预计就没有出现。要求保持管理价格（在这个案例里还包括基于其上的市场价格）不变，就等于排除源自国内产品单位产值（价格）增加而提高微量许可上限的可能。

数学角度分析

现在用数学的方式分析在国际价格上升时期受微量许可限制、使用 AoA 市场价格支持计算公式的国家享有的提供管理价格的政策空间为何迅速缩小。

表 A1 一国在微量许可限制下精确用足特定产品 AMS 政策空间的例证

年	国际市场价格（美元/吨）	外部参考价（ERP）（美元/吨）	管理价格（AAP）（美元/吨）	可适用=实际适用产品（吨）	产品AMS（美元）	经济范畴支持比率（%）	国内价格（美元/吨）	产值（美元）	微量许可上限产值10%（美元）
1	80	80	88.9	1 000	8 889	11.1	88.9	88 889	8 889
2a	84	80	93.3	1 000	13 324	11.1	93.3	93 324	9 332
2	84	80	88.9	1 000	8 889	5.8	88.9	88 889	8 889
3	88.2	80	88.9	1 000	8 889	0.8	88.9	88 889	8 889

资料来源：作者计算。

字母意义如下：

w＝产品国际市场价格

s＝价格支持百分比

$\bar{x}$＝固定外部参考价格（FERP）

p＝国内生产者价格

y＝产量

假设

$$p = w \cdot (1 + s) \qquad (1)$$

市场价格支持（MPS）定义为管理价格和 FERP 之差乘以适用措施的产品数量，适用措施的产品数量假设为全部产量。如果管理价格和 FERP 之差为负，则 MPS 是零，没有 AMS。

$$MPS = y \cdot (p - \bar{x}) \qquad (2)$$

微量许可上限（DM），指产品总产值 10%（对发展中国家）。

$$DM = y \cdot p \cdot 0.1 = y \cdot w \cdot (1 + s) \cdot 0.1 \qquad (3)$$

假设政府精确用足政策空间，市场价格支持刚好等于微量许可上限，可以设定 MPS 等于 DM。

$$y \cdot (p - \bar{x}) = y \cdot p \cdot 0.1 \qquad (4)$$

计算 p，

$$p = \frac{\bar{x}}{0.9} \qquad (5)$$

这是个惊人的结果，它表示不论国际价格、国内市场价格或者国内产量变化如何，如果一国政府仅使用市场价格支持措施来精确用足国内支持政策空间（也就是说用足微量许可上限），那它实施的单一管理价格手段的支持水平完全由 FERP 决定。

这个结果对面对国际市场价格变动时，该国可以向农民提供的经济概念的支持水平的影响可以通过 s 的等式（3）体现。

$$s = \frac{\overline{x} - 0.9w}{0.9w} \tag{6}$$

等式（6）显示政府可用的穷尽政策空间的支持水平与 FERP 有正向联系，与国际市场价格有逆向联系。当国际市场价格提高时，该国政府只能降低经济概念支持的水平才能保证不突破微量许可上限。

允许实施的价格支持水平受国际市场价格影响非常直接。假设在基期年份 FERP 是 100 而国际价格是 80。因为 FERP 远高于国际价格，政府使用管理价格提供经济概念价格支持的空间就很充裕。事实上，一国政府可以提供等于价格未受扭曲影响的国内生产者价格（假设与国际市场价格等价）39％的价格支持。

如果国际市场价格年均增加 1％，10 年以后，该国价格支持的比例将下降到 26％。如果国际市场价格年均增长 5％，则 7 年后该国价格支持的空间就会被侵蚀殆尽（支持数据线呈负值，表示管理价格只能低于国际市场价格）。

尽管模拟使用的是相当程式化的假设，也能证明，如果一个微量许可国使用管理价格，可能会发现自己操作政策的能力受到 AoA 规则的严格限制，其中计算市场价格支持措施公式使用的固定外部参考价格的限制作用最突出。通过模拟得到的主要结论包括：

- 同期国际市场价格与 FERP 等值时，微量许可发展中国家使用管理价格对一产品提供的价格支持的最大比率是 11.1％（中国只有 9.3％，因为该国微量许可空间更小）。如果是进口国，则可以通过提高关税来提高经济概念的价格支持的力度，前提是它的约束税率允许。
- 这个价格支持最大比率在 FERP 高于国际市场价格的任何年份都可能被突破，而在 FERP 低于国际市场价格的年份会减少。如果从名义价格角度国际市场价格与 FERP 相比大幅增加，则微量许可国家提供价格支持的能力会大幅减少，甚至可能如图 A1 显示的那样消失殆尽。
- 一个微量许可国可能发现自己为了"安全网"目的使用管理价格的空间都大受限制，因为即使管理价格设定低于同期价格水平，也还要看国际市场价格与 FERP 孰高孰低。

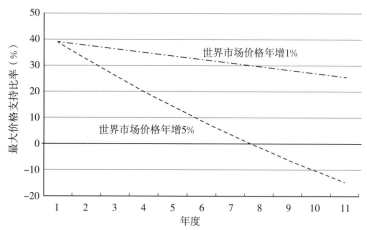

图 A1　国际市场价格增加对用足政策空间的微量许可国家价格支持最高比率的影响
（将 FERP 设定为 100，国际市场价格设定为 80）

　　资料来源：作者计算。

参 考 文 献

Abbott, P. 2009. *Development dimensions of high food prices*. Paris, OECD Publishing.

Anania, G. 2013. *Agricultural Export Restrictions and the WTO: What Options do Policy - makers have for Promoting Food Security?* Geneva, International Centre for Trade and Sustainable Development.

Anderson, J. E. 1998. The Uruguay Round and welfare in some distorted agricultural economies. *Journal of Development Economics*, 56 (2): 393 – 410.

Anderson, K. 2013. Agricultural price distortions: trends and volatility, past, and prospective. *Agricultural Economics*, 44 (s1): 163 – 171.

Anderson, K. 2010. *The Political Economy of Agricultural Price Distortions*. Cambridge, UK, Cambridge University Press.

Anderson, K. , Ivanic, M. & Martin, W. 2014. Food price spikes, price insulation and poverty. *In* J. – P. Chavas, D. Hummels, &. B. Wright, eds. *The economics of food price volatility*. Chicago, USA, University of Chicago Press for NBER.

Anderson, K. & Martin, W. 2005. Agricultural trade reform and the Doha Development Agenda. *The World Economy*, 28 (9): 1301 – 1327.

Anderson, K. & Nelgen, S. 2012. Agricultural trade distortions during the global financial crisis. *Oxford Review of Economic Policy*, 28 (2): 235 – 260.

Anderson, K. & Nelgen, S. 2012. Trade barrier volatility and agricultural price stabilization. *World Development*, 40 (1): 36 – 48.

Anderson, K. & Tyers, R. 1993. More on welfare gains to developing countries from liberalizing world food trade. *Journal of Agricultural Economics*, 44 (2): 189 – 204.

Baldwin, K. & Alcamo, J. 2013. Feeding the dragon and the elephant: how agricultural policies and trading regimes influence consumption in China and India. *Journal of International Commerce and Economics*, 5: 33 – 48.

Bernabe, R. 2008. *Treatment of special products: implications of the Chair's May 2008 draft modalities text*. Issue Paper No. 14. Geneva, Switzerland, International Centre for Trade and Sustainable Development (ICTSD) .

Brink, L. 2015. Policy space in agriculture under the WTO rules on domestic support. International Agricultural Trade Research Consortium. Mimeo.

Brink, L. 2014a. Commitments under the WTO Agreement on Agriculture and the Doha draft modalities: how do they compare to current policy? Background document for the OECD Global Forum on Agriculture: Issues in agricultural trade policy. Paris, OECD.

Brink, L. 2014b. The evolution of trade-distorting domestic support. *In* R. Meléndez-Ortiz, C. Bellmann, & J. Hepburn, eds. *Tackling agriculture in the Post-Bali context*. Geneva, Switzerland, International Centre for Trade and Sustainable Development.

Brink, L. 2013a. Policy space in agriculture under the WTO rules on domestic support. Paper presented at the International Agricultural Trade Research Consortium (IATRC) Annual Meeting, December. Clearwater, Florida, USA.

Brink, L. 2013b. Worldwide trends in support to agriculture. Paper presented at the Symposium on Agricultural Policy, Trade and the Environment. University of Lethbridge, Alberta, Canada.

Brink, L. 2011. The WTO disciplines on domestic support. *In* D. Orden, D. Blandford and T. Josling, eds, *WTO disciplines on agricultural support*. Cambridge, UK, Cambridge University Press.

Chatterjee, B. & Murphy, S. 2014. *Trade and food security*. Geneva, Switzerland, International Centre for Trade and Sustainable Development. Available at: http://www.ictsd.org/sites/default/files/research/E15_Agriculture_Chatterjee_Murphy_FINAL_0.pdf [Accessed May 31, 2015].

Ching, L. & Khor, M. 2013. The importance of international trade, trade rules and market structures. *In* UNCTAD. *Trade and Environment Review 2013*, pp. 252–265. Geneva, Switzerland.

Clapp, J. 2011. *Food security and the WTO: will the Doha Round make a difference?* Manchester, UK, PovertyDialog. org and Brooks World Poverty Institute.

Clapp, J. 2006. WTO agriculture negotiations: implications for the Global South. *Third World Quarterly*, 27 (4): 563–577.

Díaz-Bonilla, E. 2014a. *Agricultural trade and food security: some thoughts about a continuous debate*. Geneva, Switzerland, International Centre for Trade and Sustainable Development and World Economic Forum.

Díaz-Bonilla, E. 2014b. *On Food security stocks, peace clauses, and permanent solutions after Bali*, Washington, D C, International Food Policy Research Institute.

Elliott, K. 2015. *Food security in developing countries: is there a role for the WTO?* Washington, D C, Center for Global Development.

Finger, J. M. 2010. A special safeguard mechanism for agricultural imports: what experience with other GATT/WTO safeguards tells us about what might work. *World Trade Review*, 9 (2): 289 - 318.

Finger, J. M. & Winters, A. 2002. Reciprocity in the WTO. *In* B. Hoekman, A. Mattoo, & P. English, eds. *Development, trade and the WTO: a handbook*. Washington, D C, World Bank.

Gifford, M. & Montemayor, R. 2010. *An Overview assessment of the revised draft WTO modalities for agriculture*. Geneva, Switzerland, International Centre for Trade and Sustainable Development.

Giordani, P., Rocha, N. & Ruta, M. 2012. *Food prices and the multiplier effect of export policy*. Rome, Luiss Lab of European Economics. Available at: http: // papers. ssrn. com/sol3/papers. cfm? abstract _ id = 2042474 [Accessed December 3, 2012].

Glauber, J. & Westhoff, P. 2015. The 2014 Farm Bill and the WTO. *American Journal of Agricultural Economics*, 97 (5): 1287 - 1297.

Gonzalez, C. 2002. Institutionalizing Inequality: The WTO Agreement on Agriculture, food security, and developing countries. *Columbia Journal of Environmental Law*, 27: 433 - 489.

de Gorter, H., Kliauga, E. & Nassar, A. 2009. *How current proposals on the SSM in the Doha Round matter for developing country exporters*. São Paulo, ICONE - Institute for International Trade Negotiations.

Grant, J. H. & Meilke, K. D. 2006. The World Trade Organization special safeguard mechanism: a case study of wheat. *Applied Economic Perspectives and Policy*, 28 (1): 24 - 47.

Von Grebmer, K., Torero, M., Olofinbiyi, T., Fritschel, H., Wiesmann, D., Yohannes, Y., Schofield, L., Von Oppeln, J. 2011. *Global Hunger Index 2011 Report: The challenge of hunger: taming price spikes and excessive food price volatility*, Washington, D C, International Food Policy Research Institute.

Häberli, C. 2014. *After Bali: WTO rules applying to public food reserves*. Rome, FAO.

Häberli, C. 2012. Do WTO rules improve or impair the right to food? *In* J. McMahon & M. Desta, eds. *Research handbook on the WTO Agriculture Agreement: New and emerging issues in international agricultural trade law*. Cheltenham, UK, Edward Elgar Publishing.

Häberli, C. 2010. Food security and WTO rules. *In* B. Karapinar & C. Häberli, eds. *Food crises and the WTO*. Cambridge, UK, Cambridge University Press.

Hallaert, J. J. 2005. *Special agricultural safeguards: virtual benefits and real costs -*

lessons for the Doha Round. Washington, D C, International Monetary Fund.

Hepburn, J. & Bellman, C. 2014. The future of green box measures. *In* R. Meléndez, C. Bellmann, & J. Hepburn, eds. *Tackling agriculture in the Post - Bali context: a collection of short essays*. Geneva, Switzerland, International Centre for Trade and Sustainable Development.

Hertel, T. W. , Martin, W. & Leister, A. M. 2010. Potential implications of a Special Safeguard Mechanism in the World Trade Organization: the case of wheat. *The World Bank Economic Review*, 24 (2): 330 - 359.

HLPE. 2011. *Price volatility and food security. A report by the High Level Panel of Experts on Food Security and Nutrition of the Committee on World Food Security*, Rome.

ICTSD. 2007. *Indicators for the selection of agricultural special products: some empirical evidence*. Information Note No. 1. Geneva, Switzerland, International Centre for Trade and Sustainable Development.

Ingco, M. 1995. *Agricultural trade liberalization in the Uruguay Round: one step forward, one step back?* Washington D C, World Bank.

Ivanic, M. & Martin, W. 2014. Short - and long - run impacts of food price changes on poverty. *World Bank Policy Research Working Paper* 7011. Available at: http: //papers. ssrn. com/sol3/papers. cfm? abstract_ id=2484229 [Accessed May 3, 2015] .

Jensen, H. G. & Anderson, K. 2014. Grain price spikes and beggar - thy - neighbor policy responses: a global economywide analysis. *World Bank Policy Research Working Paper* 7007. Available at: http: //papers. ssrn. com/sol3/papers. cfm? abstract_ id=2483542 [Accessed May 3, 2015] .

Josling, T. 2015. *Rethinking the rules for agricultural subsidies*, Geneva, Switzerland, International Centre for Trade and Sustainable Development and World Economic Forum.

Josling, T. 2014. The WTO, food security and the problem of collective action. Paper prepared for a Conference on Food Price Volatility, Food Security and Trade Policy, held at the World Bank, Washington, D C, 18 - 19 September, 2014.

Konandreas, P. 2014. *WTO domestic support disciplines: options for alleviating constraints to stockholding in developing countries in the follow - up to Bali*. Rome, FAO.

Konandreas, P. 2012. *Trade policy responses to food price volatility in poor net food - importing countries*. Geneva, Switzerland, International Centre for Sustainable Trade and Development.

Laborde, D. , Martin, W. & Van Der Mensbrugghe, D. 2012. Implications of the Doha market access proposals for developing countries. *World Trade Review*, 11 (1): 1 - 25.

Laroche Dupraz, C. & Postolle, A. 2013. Food sovereignty and agricultural trade policy commitments: How much leeway do West African nations have? *Food Policy*, 38: 115 - 125.

Lilliston, B. & Hansen - Kuhn, K. 2013. From dumping to volatility: the lessons of trade liberalization for agriculture. *In* UNCTAD. *Trade and Environment Review 2013*, pp. 276 - 279. Geneva, Switzerland.

Margulis, M. E. 2014. Trading out of the global food crisis? The World Trade Organization and the geopolitics of food security. *Geopolitics*, 19 (2): 322 - 350.

Martin, W. & Anderson, K. 2012. Export restrictions and price insulation during commodity price booms. *American Journal of Agricultural Economics*, 94 (2): 422 - 427.

Matthews, A. 2014a. *Food security and WTO domestic support disciplines post - Bali*. Geneva, Switzerland, International Centre for Trade and Sustainable Development.

Matthews, A. 2014b. Trade rules, food security and the multilateral trade negotiations. *European Review of Agricultural Economics*, 41 (3): 511 - 535.

Matthews, A., 2012. The Impact of WTO agricultural trade rules on food security and development: an examination of proposed additional flexibilities for developing countries. *In* J. McMahon & M. Desta, eds. *Research handbook on the WTO Agriculture Agreement: new and emerging issues in international agricultural trade law*. London, Edward Elgar Publishing.

McCorriston, S., Hemming, D. J., Lamontagne - Godwin, J. D., et al. 2013. *What is the evidence of the impact of agricultural trade liberalization on food security in developing countries? A systematic review*. London, EPPI Centre, Social Science Research Unit, Institute of Education, University of London.

McKeon, N. 2011. *Global governance for world food security: a scorecard four years after the eruption of the "food crisis"*. Berlin, Germany, Heinrich - Böll - Stiftung.

Meléndez - Ortiz, R., Bellmann, C. & Hepburn, J. 2009. *Agricultural subsidies in the WTO green box: ensuring coherence with sustainable development goals*. Cambridge, UK, Cambridge University Press.

Mitra, S. & Josling, T. 2009. *Agricultural export restrictions: welfare implications and trade disciplines*. Washington, D C, International Food & Agricultural Trade Policy Council. Available at: http://www.agritrade.org/documents/ExportRestrictions _ final.pdf [Accessed December 3, 2012].

Montemayor, R. 2014. *Public stockholding for food security purposes: scenarios and options for a permanent solution*. Geneva, Switzerland, International Centre for Trade and

Sustainable Development.

Montemayor, R. 2010. *Simulations on the Special Safeguard Mechanism: a look at the December 2008 draft agriculture modalities.* Geneva, Switzerland, International Centre for Sustainable Trade and Development. Available at: http: //dspace. cigilibrary. org/ jspui/handle/123456789/28377 [Accessed December 5, 2012].

Moro, D. & Sckokai, P. 2013. The impact of decoupled payments on farm choices: conceptual and methodological challenges. *Food Policy*, 41: 28 - 38.

de Nigris, M. 2005. *Defining and quantifying the extent of import surges: data and methodologies.* Rome, FAO.

OECD. 2014. *Agricultural Policy Monitoring and Evaluation 2014: OECD countries.* Paris, OECD Publishing.

OECD. 2013. *Global food security: challenges for the food and agricultural system.* Paris, OECD Publishing.

OECD. 2001. *Decoupling: a conceptual overview*, Paris, OECD Publishing.

Orden, D. , Blandford, D. & Josling, T. 2011. *WTO disciplines on agricultural support: seeking a fair basis for trade.* Cambridge, UK, Cambridge University Press.

Sarris, A. 2009. Evolving structure of world agricultural trade and requirements for new world trade rules. Paper presented at the FAO Expert Meeting on "How to Feed the World in 2050", FAO, Rome, 24 - 26 June, 2009.

de Schutter, O. 2011. *The World Trade Organization and the post - global food crisis agenda: putting food security first in the international trade system.* Geneva, Switzerland, United Nations Special Rapporteur on the Right to Food.

de Schutter, O. 2009. *Mission to the World Trade Organization.* Geneva, Switzerland, United Nations Human Rights Council.

Schwab, S. C. 2011. After Doha: why the negotiations are doomed and what we should do about it. *Foreign Aff.*, 90 (3): 104 - 117.

Sharma, R. 2011. Food sovereignty, hunger and global trade rules. *ATDF Journal*, 8 (1/2): 10 - 17.

Sharma, R. 2007. **Developing country experience with the key policy issues of the Uruguay Round Agreement on Agriculture.** *In* A. McCalla & J. Nash, eds. *Reforming agricultural trade for developing countries.* Washington, D C, The World Bank.

Smith, F. 2012. Food security and international agricultural trade regulation: old problems, new perspectives. *In* J. McMahon & M. Desta, eds. *Research handbook on the WTO Agriculture Agreement: new and emerging issues in international agricultural trade law.* Cheltenham, UK, Edward Elgar Publishing.

Smith, V. 2014. *The U. S. Agriculture Act 2014 : trade and production implications in a WTO context*, Geneva, Switzerland, International Centre for Trade and Sustainable Development.

Tangermann, S. ed. 2013. *Agriculture and Food Security Group : A Post - Bali food security agenda*. Geneva, Switzerland, International Centre for Trade and Sustainable Development.

Tangermann, S. 2002. Agriculture on the way to firm international trading rules. *In* D. Kennedy & J. Southwick, eds. *The Political economy of international trade law : essays in honor of Robert E. Hudec.* Cambridge, UK, Cambridge University Press.

Timmer, P. 2010. Management of rice reserve stocks in Asia: analytical issues and country experience. *In* FAO. *Commodity Market Review* 2009 - 10, pp. 87 - 120. Rome.

United Nations. 2014. *The Millennium Development Goals Report 2014.* New York, USA.

USITC. 2009. *India : effects of tariffs and nontariff measures on U. S. agricultural exports*. Washington, D C, United States International Trade Commission.

Wolfe, R. 2009. The special safeguard fiasco in the WTO: the perils of inadequate analysis and negotiation. *World Trade Review*, 8 (04): 517 - 544.

WTO. 2015. *Compilation of recent agricultural tariff and trade data : Note by the Secretariat.* Geneva, Switzerland.

WTO. 2014a. *Decision on public stockholding for food security purposes.* Geneva, Switzerland.

WTO. 2014b. *Export subsidies, export credits, export credit guarantees or insurance programmes, international food aid and agricultural exporting state trading enterprises.* Geneva, Switzerland.

WTO. 2014c. *World Trade Report 2014. Trade and development : recent trends and the role of the WTO.* Geneva, Switzerland.

WTO. 2014d. *World Tariff Profiles 2014.* Geneva, Switzerland.

WTO. 2013. *General Services : Ministerial Decision of 7 December 2013.* Geneva, Switzerland.

WTO. 2011. *Negotiating Group on Agriculture, Report by the Chairman, H. E. Mr. David Walker, to the Trade Negotiations Committee.* TN/AG/26, 21 April 2011. Geneva, Switzerland.

WTO. 2008a. *Revised Draft Modalities For Agriculture Special Safeguard Mechanism, Committee on Agriculture Special Session.* TN/AG/W/7, 6 December 2008. Geneva, Switzerland.

WTO. 2008b. *Revised Draft Modalities for Agriculture*. TN/AG/W/4/Rev. 4, 6 December 2008. Geneva, Switzerland.

WTO. 2006. *Revised consolidated reference paper on possible modalities on market access – SSM: some unanswered technical issues [Argentina, Paraguay and Uruguay]* . Committee on Agriculture, Special Session, JOB (06) /197/Rev. 1, 21 June 2006. Geneva, Switzerland.

WTO. 2004. *Special Agricultural Safeguard – Note by the Secretariat*. Geneva, Switzerland.

WTO. 2001a. *Doha Ministerial Declaration*. Geneva, Switzerland.

WTO. 2001b. *Ministerial Decision on Implementation – related Issues and Concerns*. Geneva, Switzerland.

WTO. 2000. *Agreement on Agriculture: special and differential treatment and a development box: proposal to the June 2000 Special Session of the Committee on Agriculture by Cuba, Dominican Republic, Honduras, Pakistan, Haiti, Nicaragua, Kenya, Uganda, Zimbabwe, Sri Lanka and El Salvador*. Geneva, Switzerland.

Yu, H. , Tokgoz, S. , Wailes, E. , et al. 2011. A quantitative analysis of trade policy responses to higher world agricultural commodity prices. *Food Policy*, 36 (5): 545 – 561.